# 孟子와 荀子의
# 人性論 연구

이희석 논문집

# 책을 펴내며

인간의 본성에 대한 물음은 동아시아 사상사에서 가장 오래되었으며 동시에 지속적으로 제기되어 온 핵심 논쟁이다.

인간은 태어날 때부터 도덕적 가능성을 지니는 존재인가, 아니면 사회적 규범과 제도를 통해 비로소 도덕적 주체로 형성되는가라는 문제는 윤리학은 물론 정치 철학과 교육 사상의 이론적 토대를 이룬다.

이러한 논의의 중심에는 맹자와 순자의 인성론이 자리하고 있다.

맹자는 인간의 심성 안에 선의 단서가 본래 내재해 있다는 관점에서 성선설을 전개하였다. 『맹자』에 제시된 측은지심 · 수오지심 · 사양지심 · 시비지심에 대한 논의는 도덕성이 단순한 후천적 학습의 산물이 아니라 타고난 도덕 감각의 발현임을 전제로 한다. 이러한 인성론은 인간에 대한 규범적 신뢰를 바탕으로 정치와 교육의 방향을 모색하는 이론적 근거를 제공한다.

이에 비해 순자는 인간의 본성을 욕망과 이기심의 차원에서 규정하고, 그러한 본성이 자연 상태로 방치될 경우 사회적 혼란으로 귀결될 수 있다고 보았다. 순자에게 도덕성이란 선천적 속성이 아니라 후천적 교화와 제도적 장치를 통해 형성되는 결과물이다. 예와 법, 학습과 규율은 인간을 인간답게 만드는 필수 조건이며, 그의 인성론은 사회 질서와 제도의 정당성을 철학적으로 뒷받침한다.

그동안 학계에서는 맹자의 성선설과 순자의 성악설을 대립적 범주로 이해하는 경향이 지배적이었다. 그러나 이러한 이분법적 독해는 두 사상가가 각각 전제한 인간 이해의 맥락과 문제의식을 충분히 설명하지 못한다는 한계를 지닌다. 인간의 도덕적 가능성과 현실적 제약은 상호 배타적인 요소라기보다, 인간 이해를 구성하는 서로 다른 접근 방식으로 파악될 필요가 있다.

본 논문집에 수록된 두 편의 논문은 각자의 인성론을 텍스트 분석과 철학적 해석을 통해 독립적으로 검토하는 한편,

비교적 관점을 통해 양자의 철학적 의미를 정밀하게 해명하는 것을 목표로 한다. 첫 번째 논문 「맹자 성선설에 대한 고찰」은 『맹자』 텍스트를 중심으로 성선설의 구조와 그 규범적 · 정치 철학적 함의를 분석한다. 두 번째 논문 「맹자와 순자에 나타난 인성론의 비교 연구」는 인간 본성에 대한 전제, 도덕 형성의 방식, 예와 교육의 기능을 기준으로 양자의 인성론을 체계적으로 대비한다.

본 논문집은 맹자와 순자의 인성론을 어느 한 입장으로 환원하거나 우열을 가리는 데 목적을 두지 않는다. 오히려 인간의 도덕적 가능성과 사회적 조건이라는 두 문제의식을 교차적으로 검토함으로써, 고전적 인간 이해가 오늘날의 철학적 논의에서도 여전히 유효한 사유 자원이 될 수 있음을 확인하고자 한다. 이 논문집이 맹자와 순자의 사상에 대한 더 균형 잡힌 이해를 제공하는 계기가 되기를 기대한다.

두 편의 논문을 작성하는 과정에서 학문의 엄정함과 연구자의 자세를 일깨워 주신 윤사순 지도 교수님께 깊은 존경과 감사의 뜻을 표한다. 또한 따뜻한 격려와 예리한 식견으로 논문의 깊이를 더해 주신 이수윤 교수님께도 진심으로 감사드린다. 두 분 스승을 통해 인간다움의 의미를 사유하는 법을 배울 수 있었다. 긴 학업의 과정 동안 묵묵히 곁을 지켜준 아내에게 이 작은 결실을 바친다. 끝으로 원고의 교정과 출간 과정에 도움을 주신 모든 분께 깊이 감사드린다.

2025년 겨울

이희석

尹絲淳 指導教授

碩士學位請求論文

# 孟子 性善說에 對한 考察

신아출판사

| 목 차 |

■ 머리말

Ⅰ. 緖論

Ⅱ. 孟子의 時代와 生涯
A. 時代相 · 15
B. 孟子의 生涯 · 19

Ⅲ. 性善의 主張과 根據
A. 性의 意味 · 23
B. 善의 意味 · 28
C. 性善의 證明 · 30

Ⅳ. 性善說의 人性構造
A. 人性과 物性 · 35
1. 人性과 物性 · 35
2. 君子와 庶民 · 37
3. 大體와 小體 · 42
4. 良知 · 良能 · 44
B. 人性과 四德 · 46
1. 惻隱之心과 仁 · 47
2. 羞惡之心과 義 · 49

3. 辭讓之心과 禮 · 52

4. 是非之心과 智 · 54

## V. 性善의 實現

A. 五倫과 孝悌의 實踐 · 57

1. 五倫 · 58

2. 孝悌 · 64

B. 求放心과 寡欲 · 69

1. 求放心 · 69

2. 寡 欲 · 71

C. 養浩然之氣 · 74

1. 不動心 · 77

2. 知 言 · 79

3. 大丈夫 · 80

## Ⅵ. 結 論

■ 각주 · 90

■ 참고문헌 · 100

# Ⅰ. 緖論

現代 科學技術의 進步는 産業化와 더불어 새로운 倫理問題를 惹起하였다. 다시 말해 現代 科學의 發達은 人間의 理想과는 달리 人間을 오히려 道具化시키는 逆機能을 초래하였고 그리하여 새로운 倫理의 問題를 가져왔다. 善惡과 삶의 理想에 관한 通念이 무너져 가고 宗敎의 가르침이나 傳統道德 그 자체의 타당성을 믿지 않는 사람들이 늘어가고 있으며 善惡의 구별 그 자체도 한갓 主觀의 産物에 불과한 것으로 보는 사람들이 많아졌다. 科學의 發達로 人類全體가 地球村의 一家族視 되어가는 추세 속에서 個人이나 人類가 「어떻게 살아야 하느냐?」라는 문제에 직면하고 있다.

이 문제의 解答을 위해서 먼저 人間이 어떠한 存在인가를 이해하는 것이 매우 중요한 일이 될 것으로 보인다. 人間의

本性을 모르고 人間을 위해서 바람직한 삶이 무엇인가를 안다는 것은 어려운 일이다. 그러므로 人間의 本性을 밝히는 일이 무엇보다도 先行되어야 한다. 人間本性의 탐구야말로 문제해결에 도움이 될 急先務인 것이다. 本稿에서 孟子의 性善說을 擇한 理由가 바로 여기에 있다.

더욱이 民主社會가 個人의 價値를 最大限 尊重하는 사회일진대, 各 個人이 具有한 善端을 發見하고 이를 擴充시켜 民本爲民의 思想을 實現하고자 한 孟子의 性善說은 오늘날에도 不滅의 價値를 발휘하고 있다고 볼 수 있겠다.

『孟子』 全書를 통해 보면 '仁'의 使用處가 百五十一處인 바 주로 仁政을 說明하는데 사용되었고 孔子의 『論語』에서 '仁' 字를 百五個 使用하면서 '仁道'를 주로 說明한 것보다 더 많이 사용했다. 『孟子』에서 보면 '義'의 사용처가 六十餘個所고 '善'의 數는 百十一處가 있다. 이로 보아 孟子는 孔子의 仁·義·禮의 思想을 誠實하게 계승하는 한편 더욱 細密히 理論化했다고 볼 수 있다. 孔子가 仁을 주장했지만 어째서 仁을 실천해야 하는가에 대한 이유를 설명하지 않은데 비하여 孟子는 性善說을 말함으로써 이에 대한 解答을 주려고 하였던 것이다. 그러므로 孟子의 性善說은 價値 根源과 道德主體를 드러낸 것이고 그의 哲學的 체계는 人性論으로 集約 하였다고 할 수 있다. 孟子는 道德的인 善의 길로 갈 수 있는 人間이 本然의 能力에 대한 信賴를 통하여 道德的 基準으로서의 仁義重視와 道德成立의 根據로서의 性善을 주장하였던 것이다.

아무튼 人間의 主體性을 認定하고 새로운 倫理問題에 접근하는 데에 孟子의 性善說의 研究가 도움이 될 것이라는 점에서 論者는 研究의 對象으로 삼았다. 이러한 孟子 性善說에 관한 연구는 先進 諸賢들의 玉稿가 많지만, 本 論考는 人性과 實現 方法에 重點을 두고 接近하고자 한다. 다시 말해서 孟子 性善思想의 背景을 把握하기 위한 뜻에서 當時의 時代相과 孟子의 生涯를 먼저 살피겠지만, 考察의 力點은 어디까지나 性善의 主張과 根據 및 性善의 實現을 考察하는 데 두고자 한다. 아울러 研究의 근본의도가 現代倫理의 문제해결에 도움을 주려는 데 있는 만큼, 性善의 現代的 意義를 吟味하면서 結論을 내리고자 한다.

# Ⅱ. 孟子의 時代와 生涯

## A. 時代相

孔子가 生存했던 春秋時代는 周王室이 아직 존재했던 시기였기 때문에 尊王攘夷와 같은 五覇의 흔적이 남아 있었고, 그래도 舊秩序를 유지해 보려고 노력하던 때였다. 그러나 孟子의 時代에 이르러서는 周王室은 멸망한 것이나 다름없을 정도로 弱하여져, 諸侯들은 放恣하게 王을 자칭하는 등, 中國 역사상 未曾有의 混亂이 야기되던 戰國時代였다.

당시의 사회를 孟子는 「仁義充塞」·「臣弑其君者有之」·「子弑其父者有之」·「諸侯放恣」·「處士橫議」·「邪說誣民」·「率戰而食人」한 時代라고 했다.[1] 이와 같이 人倫이 험하고 무질서한 그 때의 모습을 좀 더 살펴보면 다음과 같다.

첫째, 民生苦가 극심했다. 孟子가 「부엌에는 살진 고기가 있으며 마굿간에는 살진 말이 있으면서도 백성들이 얼굴에 굶주린 빛이 있고, 들에 굶주려 죽은 송장이 있으면 이것은 짐승을 거느리고 와서 사람을 먹게 함과 같다.」[2]고 한 것이라든지 「위로는 부모를 섬길 수 없게 하고 아래로는 처자를 부양할 수 없게 하여 풍년이 들더라도 종신토록 고생해야 하고 흉년이 들면 죽음을 면치 못하게 되었다.」[3]고 하는 정도였다. 그러므로 孟子가 民本主義的 입장에서 民生問題를 뚜렷이 論하지 않을 수 없었을 것이다. 사실 그는 滕文公에게 「어진 정치는 반드시 經界를 정하는 것으로부터 시작한다.」[4]고 하여 농지 균등 분배가 先行되어야 할 것임을 주장했고 「만일 백성에게 恒産이 없으면 恒心이 없게 된다.」[5]고 하면서 生業을 착한 일 하게 하는 것보다 重視했을 뿐만 아니라 禮義를 다스리는 것도 그 다음의 일이라고까지 했다.

둘째, 人倫이 紊亂했다. 孟子의 증언으로는 「신하로서 그 임금을 죽이는 자가 있으며 자식으로서 그 아버지를 죽이는 자가 있다.」[6]는 것이다. 당시는 戰國의 時代였기 때문에 倫理綱常이 무너져 극도로 혼란한 시대였다. 孟子가 仁義의 大道에 입각한 王道政治를 주장했던 것은 倫理 道德을 새롭게 확립하여 社會秩序를 바로 잡는 동시에 君王으로 하여금 자기의 利慾을 自制하는 태도를 바탕으로 한 愛民政治를 실현시키기 위한 것이었다고도 볼 수 있겠다.

셋째, 百家爭鳴의 時代였다. 당시는 군웅이 할거하며 서로 항쟁했던 시대였으므로 思想을 조정시킬 만한 통제력이 없었다. 이런 틈바구니에서 허다한 思想家들이 諸侯들을 찾아다니며 自家說을 강력히 내세우고 집단을 형성하여 위세를 떨치던 百家爭鳴의 판국이었다. 孟子는 「聖王이 나지 아니하여 楊朱墨의 말이 天下에 가득 찼다.」[7]고 하면서 「내가 이것을 두려워하여 先聖의 道를 지키고 楊墨의 道를 막아서 음탕한 말을 몰아내며, 간사한 말을 하는 자가 일어나지 못하게 함이니, 그 마음에서 일어나 그 일을 害하며 그 일에서 일어나 그 政事를 害할 것이다. 聖人이 다시 일어나도 나의 말을 바꾸지 못 할 것이다.」[8]고 했다. 이처럼 百家가 무책임할 정도로 爭鳴하는 환경에서 유학을 보존하고 異說을 물리치려는 뜻에서 孟子의 思想은 摸索。構想된 것이다.

넷째, 士風이 墮落했다. 「사람들이 富貴와 利達을 찾아다니는 것을 그 아내와 첩이 부끄러워하지 않았고 서로 울지 아니할 자가 적었다.」[9]고 하면서, 孟子는 아내와 첩을 한 집에 두고 있는 齊나라 사람의 寓言에서 士風의 극심한 타락을 이야기했다. 「또 예전의 君子는 허물이 있으면 고치더니 지금의 君子는 허물이 있어도 그대로 행한다.」[10]고 하면서 허물대로 행하고 좇아서 변명하는 것을 지적했다.

以上 살펴본 것처럼 그 當時는 諸侯들의 侵略慾과 報復主義, 끝없는 사치와 타락, 그것에 따른 虐政으로 民生苦는 극심했고, 諸子百家는 爭鳴하여 邪說이 橫行하였을 뿐만 아니라, 人倫은 亂하여 사회는 不正腐敗 罪惡으로 가득차고 있어서 일찍이 보지 못했던 험한 時代였음을 알 수 있다. 그러므로 孟子는 秩序確立 내지 安定된 理想社會의 건설을 위하여 儒學者로서 孔子의 思想을 繼承 發展시켰던 것으로 볼 수 있다.

## B. 孟子의 生涯

孟子의 生卒에 대해서 여러 가지 見解가 있는 만큼 그의 행적도 확정할 수 없다. 孟子의 傳記는 『史記』에 쓰여 진 70~80자의 기록이 가장 오래된 것인데 그 기록도 전승과정의 오류가 있는 듯하여 신빙성을 의심받고 있다. 그래도 孟子의 生涯가 대략 『史記』에 나타나 있고 그의 학문은 『孟子』 七篇에 있다.[11)]

孟子의 이름은 軻이지만 字는 분명하지 못하다.[12)] 그의 生卒年代에 대해서도 臆測이 많아서 確言할 수 없으나, 후세의 고증에 의하면 周나라 烈王 4년에 태어나서 赧王 26년에 세상을 떠났으니, 즉 기원전 372년에 태어나서 289년에 죽은 것이다.[13)] 그러나 이러한 說은 不合理한 점이 있기 때문에 새로운 자료가 발견되지 않는 한 確信할 수 없는 수준에 머물 수밖에 없다.

일찍이 慈母의 三遷之教를 받았으며 斷機故事와 함께 유명한 일화를 종합해 보면 어렸을 때 喪父했다는 것을 짐작할 수 있다. 그러나 『孟子』書를 보면 父喪을 당했을 때 士의 禮로 지냈다고 하니 어렸을 적에 아버지를 여의고 편모에게 教育

을 받았다는 것도 의문시 된다.[14] 後漢의 趙岐가 지은『孟子章句題辭』에 의하면 그의 家系가 魯나라 公族인 孟孫의 후예라는 說이 있으나 부모에 관해서는 별로 알려진 것이 없다.

趙岐의 같은 책에 孟子가 子思에게 친히 受業했다고 하나「孔子 이래로 지금까지 백여 년이니」,[15]「내가 孔子의 문하인은 못되었으나 나는 사람들에게 私淑했다」[16]는 孟子 자신의 말을 통해 보면「子思의 門人에게서 受業했다」는『史記』의 말이 옳은 듯싶다. 이렇듯 孟子의 生涯에 대해 여러 見解가 있지만『孟子』書를 살펴보면 그의 人間相이 잘 드러난다.

孟子가 好善했다는 것을 알 수 있는 내용으로, 그의 제자중 하나인 樂正子가 魯나라의 재상이 된다는 소문을 들었을 때 너무나 기뻐서 잠이 오지 않는다고 公孫丑에게 이야기한 것이 있다. 그 이유는 樂正子가 强하거나 知慮와 多聞識이 있어서가 아니라 그 사람됨이 善을 좋아하기 때문이었다.[17] 또한 孟子는 他人의 不善에 대한 言及을 禁物로 삼았다.[18] 그는 남과 함께 善을 行하여 道義社會를 건설하는 것을 중요시했기 때문에 他人의 不善을 적발하여 곧은 체 하는 인간이 되기보다는 他人에게서 取善하고 나아가 착한 것을 도와주는 것을 力說했다.[19] 이같이 好善, 求善, 爲善한 孟子였기에

性善을 提唱하여 仁義의 大道를 具現코자 했으며, 四十이 되어 不動心의 경지에 도달했으리라고 본다.[20)]

孟子는 孔子를 본받을 것을 所願했으며 生民 이래로 孔子만큼 훌륭한 人物이 없다고 극찬했다.[21)] 그가 孔子를 役割模型으로 삼고 계승 발전시킨 결과 孔子 버금가는 「亞聖」으로 칭송을 받고 있다. 특히 性善說을 꽃피운 儒家의 理想主義者였기에 그리이스의 철학자 플라톤(Platon)에 비교되곤 했다.

孟子는 자신의 임무를 그릇된 학설을 반박 물리치는 데 있다고 말했다.[22)] 그가 百家와 「부득이」 다툰 것은 이러한 그의 意志를 즉 孔子의 가르침을 바른 것으로 여기고 그것과 다른 것을 틀린 것으로 판단한 때문이다. 뿐만 아니라 그는 자신을 天民의 先學者로 자부하고 자신만만하게 「하늘이 평화롭게 천하를 다스리려고 한다면 오늘의 세상에 나를 놓고 그 누가 있으랴?」[23)]고 하였다. 여기에서 孟子의 救世의 意志와 기개를 엿볼 수 있다.

孟子는 그의 제자인 彭更이 묻기를 「수레 수십 승과 좇는 자 수백 인으로 제후에게 전식하는 것이 너무 사치하지 아니합니까?」 하니, 그 道가 아니면 한 대그릇의 밥이라도 사람에게서 받을 수 없거니와 만일 道로 하면 순임금이 요임금에게 천하를 받으시기를 사치하게 여기지 않으시니, 자네가 무엇을 사치하다고 하는가?」라고 대답했다.[24] 爲仁義者는 마땅히 木工이나 車工같은 기술자 보다 더 높임을 받아야 한다고 생각하는 孟子의 道理에 대한 重視度와 周遊 당시의 당당한 생활 모습을 상상할 수 있다.

孟子는 人間心理를 잘 파악한 듯싶다. 專利君主인 齊나라의 王이 우연히 소 한 마리를 惻隱하게 생각한 善心의 꼬투리를 잡아 유도해 王道政治를 계몽해 가는 수법을 보면 알 수 있다.[25] 性善의 理論을 전개할 때도 우물에 빠지려는 어린아이의 경우를 꼬투리로 하여 시작했다. 이 또한 孟子의 心理學者的인 面이 잘 드러난 예라고 할 것이다.

『孟子』書를 보면 詩經과 書經의 句節을 例文으로 들어 설명한 점이 많다. 그러므로 孟子는 특히 詩經과 書經을 통달했다고 볼 수 있다. 그는 堯·舜의 道를 代表로 해서 仁政을 주로 論했고 義를 강조했다.

이상 孟子의 生涯와 『孟子』書에 나타난 孟子의 人間相을 略述했거니와, 孟子가 죽자 公孫丑·萬章의 제자들은 짊어진 책임들을 다 이길 수가 없어서 그 道를 전승하지 못하였다.[26]

# Ⅲ. 性善의 主張과 根據

## A. 性의 意味

「性은 무엇이냐?」는 疑問은 인류 역사상 꾸준히 提起되고 研究되어 온 문제의 하나이다. 이 문제는 心理學에서 연구과제로 되어 있고 哲學에서도 思惟되어 오고 있다. 西洋에서는 섹스(Sex)를 指稱하지만 中國哲學에서는 觀點에 따라 여러 가지로 論議되고 있다. 본래 중국철학에서 쓰이는「性」자의 보편적 의미는「生」자와 통하는 것 이었다. 周秦 · 漢 · 唐을 거쳐 宋初에 이르기까지 특별한 경우를 제외하고는 거의 그렇게 씌어져 왔던 것이다.[27)]

訓詁學上 考察에 根據하면, 이른바「性」이란 그 字形은「心」과「生」의 一音一義로 이루어진 形聲字이며, 또「心」과

「生」의 意義도 含有하고 있음을 볼 수 있다. 이 性은 人間이 天으로부터 賦與받은 天生의 原則이며 人間이 人間이 되는 所以의 根本이다.[28]

『中庸』에 의하면 性이란 天이 命한 것을 말한다.[29] 원래 天의 의미는 다양하여 한마디로 말하기 어렵지만 馮友蘭에 의하면 이때의 天은 義理를 뜻한다.[30] 말하자면 物質, 主宰, 自然 등의 뜻은 내포하지 않은 것이 이 경우의 天이다. 그러므로 命의 의미 역시 글자 그대로 命令의 뜻일 수는 없다. 先天的으로 稟賦된 사정을 가리키는 것이 命의 뜻이라 할 수 있다. 따라서 天이 命한 性이란 先天的으로 所有한 일정한(原理的) 性向이라고 풀이되어 무방할 것이다.

그러면 『孟子』에서는 性을 어떻게 論하고 있는가? 告子는 性을 生이라고 말했다.[31] 즉, 生의 自然性을 강조하여 性을 定義한 것이다. 이러한 告子의 견해와 달리 孟子는 「萬物이 나에게 갖추어져 있다」[32]는 생각에서 「자기의 心을 다하는 자는 그 性을 알게 되니 자기의 性을 알면 天을 알게 된다」[33]고 하였다. 그러므로 孟子는 告子와는 달리 生보다 心에 더 중요성을 두고 性과 天을 말했으며 「군자의 性은 仁義禮智로되 마음에 근본한 것이다」[34]고 주장했다. 또 「군자가 보통 사람과 다른 것은 그 마음에 두기 때문이다」[35]고 했는데 여기에서 군자가 存之하는 것이 「心」임을 알 수 있다.

『孟子』 全篇에 걸쳐 「人心」·「存心養性」·「赤子之心」·「養心」·「本心」·「求放心」·「良心」·「恒心」·「不動心」·「不忍之心」·「惻隱之心」·「羞惡之心」·「辭讓之心」·「是非之心」 등을 말한 내용으로 보아도 孟子가 말한 性은 사람의 內心에 바탕을 두고 볼 수 있다. 다시 말해 內心에 바탕을 둔 仁義禮智를 그는 性이라 생각하였음을 알 수 있다.

따라서 孟子가 뜻하는 性은 告子가 말한 「生之謂性」이나 「食色 性也」[36]와 전혀 다른 것이다. 孟子는 告子의 「食色 性也」라고 한데 대해 「耳目口鼻 四體에 感覺的 生欲이 있지만 아무리 충족시키려고 해도 뜻대로 안되니 그것은 人間性의 一面이기는 하나 인간의 능력을 넘어선 命이기 때문에 性이 아니다」[37]고 주장했다. 여기서 孟子가 말한 「命」이란 人間의 능력을 초월한 不能者라는 뜻을 함축하고 있다. 「仁·義·禮·智 天道는 命이지만 人性에서 나온 道德心에 근거한 것이므로 비록 얻지 못하더라도 그 실현이 가능하다고 보고 君子는 그런 것을 命이라고 하지 않는다.」[38]고 말한 내용 중에서, 「命」이란 인간으로서 할 수 있기 때문에 반드시 해야 하는 命善의 뜻이 내포되어 있다. 天命이 介在된 人性과 人性이 介在된 天命을 구별하여 人間의 能力에 한계가 있음을 말한 것 같다. 孟子는 告子가 말한 食色을 人性보다 天性으로 看做한 듯싶다. 그래서인지 그는 「形色은 天性이요, 오직 聖人이어야 形色의 이치를 밟는다」[39]고 하였다.

孟子는 특히 人性과 物性의 다른 점을 강조하였는데, 告子가 말한 性이란 모든 白色을 차별 없이 취급하는 것과 같으니 흰 것이 흰 것과 흰 눈이 흰 것과 같으며, 흰 눈의 흰 것과 흰 옥의 흰 것과 같다는 것이므로 犬牛의 性과 사람의 性을 구별하지 않는 것이라고 詰責하였다.[40] 이는 種差를 두어 性을 구별한 셈이다.

일찍이 『詩經』에서는 「天生蒸民, 有物有則 · 民之秉夷, 好是懿德」이라고 하면서 「生」을 「有則」으로서의 向善心이 있음을 말하였다. 孟子는 위의 『詩經』 句節을 引用하면서 「이 시를 지은 자여 그 도리를 알았구나. 그러므로 일이 있으면 반드시 법칙이 있나니 백성의 성품은 떳떳한 고로 이 아름다운 덕을 좋아한다」[41]는 孔子의 말을 같이 引用했다. 또한 그는 「천하의 性을 말하는 것은 원리에 따름이니, 원리는 순리로써 근본을 삼는다」[42]고 하면서 「有動」의 立場에서 性을 이야기했다. 따라서 告子가 生物學的, 經驗的 立場에서 性의 類槪念을 말했다면, 孟子는 先驗的 性의 道德的 立場에서 그 種槪念을 말한 셈이다. 孟子가 말하는 性이란 타고난 일정한 소질과 같은 「才」를 의미한다.[43)]

仁義禮智로서의 「根於心」한 性을 孟子가 강조했음이 틀림없고 보면 人間의 本性을 性相根 · 性惡 · 性無善 · 無不善한 것으로 본 如他의 學說보다 主觀主義的 立場에 있는 것이라고 볼 수 있겠다.

## B. 善의 意味

孟子에 의하면 可欲은 善이라고 한다.[44] 여기서「可欲」이란 本性의 欲求대로 하는 것, 즉 當欲하는 바를 欲하는 것이라고 말할 수 있다. 朱熹는 註釋하기를「天下의 理가 착한 것은 반드시 하고자 하며 惡한 것은 반드시 싫어하므로 樂正子의 사람됨이 하고자 하고 싶어 하지 아니하니 착한 사람이라고 이를 것이다」[45]고 했다. 그러므로「可欲」이란 거짓이 없는 本然의 性品대로 追求하는 모든 行爲를 包含하고 있는 것이라고 말할 수 있다. 이러한 本然의 性品대로 行爲하는 者의 예를 孟子의 말에서 찾아보면「大人은 그 어릴 때의 마음을 잊어버리지 아니하는 사람이다」[46]고 한 것이 있다. 이 말을 端緖로 삼고 推測해 보면 어린이의 마음이란 純一하고 거짓이 없는 마음이요, 하늘로부터 부여받은 道德心을 말한 것이라고 볼 때「可欲」의 마음도 이러한 內心일 것이다.

孟子가 말한 性善의 善은 분명한 해석이 곤란하나, 그는 人性의 善한 것을 바탕으로 修德한 人品에 대해 善·信·美·大·聖·神의 단계를 말하였다.[47]

이른바「善」이란 字形上에서「言」과「羊」으로 이루어진

形聲字이며, 「吉」과 「美」의 象徵이요, 그 意義는 「好」·「義」·「美」와 「物理를 演盡한다」는 등의 뜻을 포함하고 있다.[48)]

善의 起源을 『周易』 繫辭傳에서 찾아보면 「一陰一陽之謂道, 繼之者善也, 成之者性也」라는 말이 있다. 여기서의 「繼之」란 意味가 自然法則에 따라 萬物이 生成되어가는 과정으로 표현된 것이라면 善의 概念이 內心의 道德的 法則에 따라 行爲되면서 外部 全體와 調和되는 作用이라고 定義될 수 있지 않을까 생각된다.

孟子가 특별히 「可欲之謂善」을 주장한 것은 本性의 흐름대로 살고자 하는 삶의 行爲를 강조하고자 하는 데 있을 것이다.

## C. 性善의 證明

性善이란 語詞는 『孟子』 勝文公章句 上篇의 「道性善 言必稱堯舜」이란 구절과 告子章句 上篇에 「今日, 性善, 或日 有性善」이라는 구절에서 찾아 볼 수 있다. 性善이란 완전한 語詞로 된 위 구절들의 뜻을 性과 善이 같다는 것으로 해석할 수 있으며 所以然的이고 所當然的인 立場에서 말한 것이라고 할 수 있겠다. 朱熹가 「孟子의 性善과 養氣의 이론은 다 앞의 聖人이 나타내지 못한 것이다」[49]고 말했듯이 性善이란 말이 크게 유행된 동기는 孟子의 공로인 듯싶다.

語詞上의 考察에 의하면 이른바 「性善」이나 「性 · 善」은 天이 所與하고 人間이 所受한 仁義禮智의 性은 善한 것이라는 뜻이다. 즉 「性善」과 「性 · 善」은 다같이 本然之性과 當善의 二重意義를 兼한 것으로, 天으로부터의 所受되는 점에서는 「所以然」의 성격을 갖고 있고 人間이 仁義禮智의 本性에 率하여야 한다는 점에서는 「所當然」의 성격을 갖는다.

孟子가 性善을 獨創性있게 주장한 裏面에는 孔子의 영향이나 經典의 영향을 받았을 것이다. 『詩經』 大雅 蒸民篇에서 「詩曰, 天生蒸民 有物有則, 民之秉夷 好是懿德」[50]을 引用한

것을 보면 「有動」을 「善則」으로 이해하지 않았나 생각된다. 그 이유는 『中庸』의 「誠者, 天地道也, 誠之者, 人之道也」와 비슷한 내용이 『孟子』 書에도 있기 때문이다.[51] 그리고 『中庸』 二十章, 孔子家語 : 哀公問政에 「子日, …… 仁者人也」라고 하였는데 孟子 역시 「仁也者人也」라고 말한 내용이 「孟子」 盡心章句 上篇에 있는 것을 보면, 孟子는 특히 孔子의 仁思想에서 性善의 暗示를 받지 않았나 생각된다. 孟子가 孔子를 본받는 것을 所願하고 孔子를 「生民以來 未有」의 존재로 숭앙한 것을 미루어 보아도 性善의 端諸를 孔子로부터 傳承하였다고 볼 수 있다.

또한 孟子는 孔子의 道德的 天命思想을 倫理的으로 해석하여 性善을 주장했을 것이다. 人間之事 「天命이 아닌 것이 없으니, 그 바른 것을 따라서 받아야 한다. …… 그 道를 다하여 죽는 것은 正命이요, 죄를 범하여 죽는 것은 正命이 아니다」[52]고 한 대목이 바로 倫理的 天命 立場이며 人性이 善하지 않을 수 없음을 주장한 것이라고 볼 수 있겠다.

以上과 같은 背景과 裏面의 영향으로 人間의 性善을 確信했던 孟子는 「人性皆善」을 다음과 같이 證明하였다. 「사람은 대개 같은 耳目口鼻를 지녔기 때문에 感覺의 同一性이 있는 바, 〈易牙의 味〉와 〈師曠의 聲〉과 〈子都의 色〉같은 嗜好를 가진다. 마찬가지로 사람은 모두 共通된 心性을 가졌기 때문에 理義를 다 같이 즐겨한다. 聖人이란 다만 이 理義를 다른 사람 보다 먼저 깨달았을 뿐이요, 類가 다른 것은 아니다」[53)]고 한다. 그는 이와 같이 感覺 및 心情의 相似性이라는 사례를 통하여 모든 인간의 善意志의 所有를 類推함으로써 性善을 증명하려 하였다.

그는 또 具體的 실례를 들어 性善을 다음과 같이 증명하였다.

「사람이 누구나 다 남에게 차마 못하는 마음이 있다고 하는 것은, 지금 어린아이가 장차 우물에 빠지려고 하는 것을 별안간 보게 되면 놀라고 惻隱한 마음이 생겨 自身도 모르게 달려가서 아이를 救濟하려 한다. 그것은 어린 아이의 부모에게 교제를 하기 위한 것도 아니요, 명예를 鄕黨의 벗들에게 요구하려는 것도 아니며, 그 비난하는 소리가 미워서 그런 것도 아니다. 이로 말미암아 본다면, 측은한 마음이 없으면 사람이 아니요, 부끄러워하고 미워하는 마음이 없으면 사람이 아니며, 사양하는 마음이 없으면 사람이 아니며, 옳고 그름의 마음이 없으면 사람이 아니다. 측은히 여기는 마음은

仁의 시초요, 부끄러워하고 미워하는 마음은 義의 시초요, 사양하는 마음은 禮의 시초요, 옳고 그르게 여기는 마음은 智의 시초이다」[54]고 하였다. 이것을 整理하여 形式化하면 다음과 같다.

모든 사람은 不忍人之心, 즉 仁心과 같은 道德實踐意志의 發動을 경험한다. 그러므로 이러한 경험 사실로써 仁性의 所其를 確知할 수 있다는 것이다. 따라서 惻隱之心과 같은 道德之心은 人間의 仁性으로서의 本性이며 道德實踐의 端緖가 될 뿐만 아니라 이러한 善端을 擴充하면 仁義禮智 道德의 實現은 가능하다는 것이다.

그러면 人間은 善端을 擴充할 수 있는가? 孟子는 「사람이 배우지 않고서도 할 수 있고 생각하지 않고서도 알 수 있는 良知良能을 가지고 있으니, 孩提의 아이가 그 어버이를 사랑하는 것은 알지 못하는 것이 없으며, 자라서는 그 형을 공경하는 것을 알지 못하는 것이 없다」고 하였다.[55] 그러나 良知良能으로만 가능하지 못하므로 「博學而詳說之」[56]해야 한다. 本性을 다 헤아리고 마음을 다하여 天下之理를 깨달아 「存其心, 養其性, 所以事天也」[57]를 실천해야 하는 것이다.

따라서 孟子의 性은 仁義禮智의 本性을 말하는 것이며, 先

天的 純粹性으로 內在하는 人性을 말함이다. 그는 이러한 性의 善함을 증명하기 위하여 경험적 구체적 사실을 제시하고서 推論했다고 볼 수 있겠다.

# Ⅳ. 性善說의 人性構造

## A. 人性과 物性

孟子는 道德的 欲求만을 人性으로 보았다. 그래서 그는 本能을 心의 支配下에 둘 것을 요구한다. 感覺的인 耳目之官을 人性이라는 개념에 포함시키지 않는다. 그는 人性과 物性을 구별하고 君子와 庶民의 다른 점을 이야기 했다. 또한 그는 人間에게 先天的 能力과 叡智가 있음을 주장하고 良心이 內心에 잠재해 있음을 밝혔다. 그 구체적 考察은 다음과 같다.

### 1. 人性과 物性

告子가 「生之謂性」이라고 性을 定義했을 때 孟子는 「生之謂性」이라고 하는 것이 흰 것을 희다고 하는 것과 같으냐고 물었다. 告子가 그렇다고 하니, 이어서 흰 깃의 흰 것은 흰 눈의 흰 것과 같으며, 흰 눈의 흰 것은 흰 옥의 흰 것과 같으냐고 물었다. 告子가 역시 그렇다고 대답하자, 그렇다면 개의 性은 소의 性과 같으며 소의 性은 人間의 性과 같으냐고 힐책 하였다.[58]

이상의 論辯을 통해서 보면, 孟子가 人性과 物性의 다름을 주장하여 人性을 중시했음을 알 수 있고, 道德的 人間觀을 지녔음을 엿볼 수 있다.

孟子는 人性에 대해 뚜렷한 規定을 하였다. 입이 좋은 맛을, 눈이 좋은 빛을, 귀가 좋은 소리를, 코가 좋은 냄새를, 四肢가 편안하기를 바라는 것은 사람의 本性이기는 하나 여기에는 마음대로 안 되는 命이 있으므로 君子는 이런 것을 性이라고 하지 않는다고 하였다.[59] 이 말은 사람에게 있는 耳目口鼻의 欲求는 아무리 충족시키려고 해도 사람의 능력으로 안 되는 不能者와 같으므로 性이라 하지 않고 君子는 이 것을 追求하지 않는다는 의미이다. 그러므로 感覺的 欲求를 人性에서 제외시킨 孟子의 見解를 알 수 있다.

이어서 孟子는 인간의 道德性을 人性의 범위 안에 두고 있는 입장을 밝혔다. 仁이 父子間에 베풀어지고, 義가 君臣間

에 유지되고, 禮 가 賓主間에 지켜지고, 智가 賢者에게 밝혀지고, 聖人이 天道를 행하는 것은 天命이기는 하나, 거기에는 人間의 本性이 있으므로 君子는 그런 것을 天命이라고 하지 않는다고 했다.[60] 사람이면 누구나 다 道德을 요구하지만, 이것은 要請대로 實現되지 않는 命이다. 그렇다고 仁義禮智天道의 具現을 命에만 맡겨 둘 수는 없는 것이다. 왜냐하면 여기에는 本性이 깃들어 있기 때문이다. 그러므로 君子는 이의 實現을 위해 무한히 노력한다는 것이다.

따라서 「食色性也」라고 하여 感覺的 生欲의 自然性을 性이라고 본 告子의 생각과는 달리 孟子는 道德的 人性論 立場에서 人獸區別을 주장한 것이다. 다시 말해 孟子는 食色之性이 人獸 共通이지만, 개나 소 따위는 食色之性으로 만족할 뿐 그러한 感覺的 欲求를 극복하여 道德을 추구해 나아갈 才質이 없고 사람에게만 道德을 추구할 수 있는 先天的 才質이 있으므로 그러한 道德追求의 能力을 性으로 삼아야 한다는 것이다.

## 2. 君子와 庶民

『孟子』 書에 「君子」란 말이 많이 나온다. 周霄가 물어보기를, 옛날의 君子는 벼슬을 하였느냐고 하니, 孟子가 대답하기를, 벼슬을 하였다고 했다.[61] 그러므로 孟子 以前의 君子는 官職에 있는 사람을 말하거나 治者의 의미로 사용되었음을 짐작할 수 있다. 君子란 말은 詩. 書時代에도 사용되었으나 그 때는 女子의 男子에 대한 稱號로, 또는 官職에 있는 사람을 稱하는 名辭로 或 쓰였고, 春秋時代에 이르러 官人, 賢者의 意味로 그 使用이 普遍化되었으나 道德의 模範, 或은 理想的 人格으로서 意味는 孔子에 이르러 確立되었다고 한다.[62]

孟子에 의하면 「君子犯義, 小人犯刑, 國之所存者, 幸也」[63]라고 하면서 身分上의 君子를 治者階級으로서 耕作하지 않고 먹고 사는 士大夫 以上의 사람을 말하였고, 庶民은 被治者階級으로서 賦役을 하면서 市井이나 草野에 살면서 教育을 받지 못한 部類를 말하였다.

그러나 孟子가 말하는 진정한 의미의 君子는 人格上의 구별로서 君子는 仁과 禮에 따라 행하는 사람이며, 禮가 없는 사람은 禽獸와 다를 바 없다고 하였다.[64] 「사람이 금수와 다른 점은 극히 적으니 庶民은 버리고(去之), 君子는 가지고(存之) 있기 때문이다」[65] 여기서 서민이 버린다(去之)는 것이란

人倫을 破棄한다는 말이요, 가진다(存之)는 것이란 仁과 禮를 마음에 둔다는 것을 의미한다. 그러므로 孟子는 「君子가 庶民과 다른 까닭은 그 마음을 두기 때문이며, 君子는 仁을 마음에 두고 禮를 마음에 둔다」[66]고 하였다. 그리고 그는 「君子는 仁과 禮를 마음에 두어 잃어버리지 않기 때문에 仁과 禮가 아니면 행하지 않는지라 만일 하루아침의 근심이 있어도 君子는 근심하지 않는다」[67]고 역설하면서 外的 地位보다 內的 道德性에 따라 君子와 庶民을 구별했다.

孟子에 의하면 「군자는 하늘을 원망하지 않으며, 사람을 허물하지 않는다」[68] 「군자는 法을 행하여 기다릴 뿐이다」[69] 「君子가 지키는 것은 그 몸을 닦아서 天下를 平하는 것이다」[70]

孟子는 君子의 性品에 대하여 여러 가지로 설명하고 있다. 「君子의 性品은 道가 크게 행하여도 더하지 않으며, 비록 궁하게 거하여도 덜어 내지 않는다. 分數가 정해져 있기 때문이다. 군자의 性品에는 仁義禮智가 마음에 뿌리박고 있으며, 그것이 빛을 발하면 윤택하게 얼굴에 나타나고 등에 넘쳐흐르고, 四體에 베풀어져 사체가 말하지 않아도 깨닫게 된다」.[71] 「君子는 새와 짐승이 살아있는 것은 보고 죽는 꼴은 보지 못하며, 또한 그 죽는 소리를 듣고는 차마 그 고기를 먹지 못하므로 푸줏간을 멀리한다」.[72] 이와 같은 孟子의 설명으로 보면 그가 性善의 四德으로 君子의 道德的 性品을 論했다고 볼 수 있다.

孟子는 君子가 되는 길에 대하여 가르쳐 준다. 「흐르는 물이 웅덩이에 차지 못하면 흐르지 못하는 것처럼 君子가 뜻이 있어도 文章을 이루지 못하면 통달하지 못한다」.[73] 「君子가 깊이 나아감을 道로써 하는 것은 自得하고자 하는 것이니, 自得하면 사는 것이 편안하고, 편안하면 藉賴함이 깊고, 藉賴함이 깊으면 좌우에서 취함에 그 근원을 만날 것이니 그러므로 君子는 自得하고자 한다」.[74]

孟子는 君子가 해야 할 의무를 몇 가지로 제시하고 있다. 「君子는 남에게 착한 것을 도와주는 것보다 큰 것이 없다」.[75] 「君子가 활을 당겨 쏘지 아니하고 튕겨나오듯 눈앞에 나타나게 하여 中道에 서면 能力있는 사람은 그대로 따라 한다」.[76] 「오직 君子라야 能히 義로운 길을 경유할 수 있고, 禮의 門으로 출입할 수 있으니, 『詩經』에 이르기를 周나라 길은 숫돌 같으며, 곧기는 화살과 같다. 이것은 君子가 행하는 바요, 小人이 보고 법칙을 삼는 것이다」고 하였다.[77]

그러므로 「君子의 德은 바람이요, 小人의 德은 풀이라 풀

에 바람이 더하면 쓰러진다」.[78)]

孟子는 君子가 가르치는 다섯 가지 방법을 말했다.[79)] 「때맞춰 오는 비가 초목을 자라게 해 주는 것같이 하는 것이 있고, 덕을 이뤄 주는 것, 재능을 발전시켜 주는 것, 물음에 대답해 주는 것, 혼자서 덕을 닦아 나가도록 해 주는 것, 이 다섯 가지는 君子가 가르치는 것이다」. 또한 孟子는 君子에게 있는 세 가지 즐거움을 말했다. 천하에 왕 노릇하는 데에 들어 있지 않다. 「부모가 다 계시며, 형제가 사고가 없는 것이 첫째 즐거움이요, 우러러 보아서 하늘에 부끄럽지 아니함이 둘째 즐거움이요, 천하의 뛰어난 인재를 얻어서 교육함이 셋째 즐거움이라」고 하였다.[80)] 또 말하기를 「땅을 넓히고 백성을 많게 하는 것은 군자가 하고자 하지만 즐거워하는 것은 거기에 있지 않다. 天下 가운데 서서 四海의 백성을 안정시켜 주는 일은 君子가 즐거워하나 그가 本性으로 지니는 것은 거기에 들어 있지 않다」.[81)]

여러 가지 가르치는 방법과 즐거움은 모두 外的인 데에 있지 않고 仁義禮智 本性에 깃든 內面性에 두고 있다.

孟子는 君子의 몸가짐에 대해서 말하였다. 당시의 제후들이 어진 이를 대접함이 幣帛으로써 恭敬함을 삼으며 그 실상이 없음을 지적하여 「공경하나 실상이 없으면 君子는 헛되이 머무르지 않을 것이다」[82]고 하였다.

以上 孟子가 말한 君子와 庶民의 구별은 身分階級意識的인 意味를 초월하여 道德的 自覺을 말한 것이라고 볼 수 있다. 따라서 君子의 본질적 요소는 人格에 있음을 알 수 있다.

## 3. 大體와 小體

孟子는 大體에 따르면 大人이 되고 小體에 따르면 小人이 된다고 하였다. 다 같은 사람인데 어떤 사람은 大體를 따르고 어떤 사람은 小體를 따르는 것은 무슨 까닭이냐고 公都者가 물어보니 孟子는 대답하기를, 「耳目之官은 생각하지 않고 밖의 사물에 가려진다. 밖의 사물이 보고 듣는 관능에 접촉되면 관능이 그것을 끌어당길 따름이다. 心之官은 생각이므로 생각하면 사리를 알게 되고 그렇지 않으면 알지 못하니, 이것이 하늘이 나에게 준 것이다. 먼저 큰 것에서 먼 그 작은 것을 빼앗을 수 없으니, 이것이 大人이 되는 길이다」 고 설명하였다.[83] 다시 말해, 「몸에는 귀하고 천한 것이 있으며, 작고 큰 것이 있으니, 작음으로써 큰 것을 해롭게 하는 것이 없고, 천한 것으로써 귀한 것을 해롭게 하는 것이 없으니, 그

작은 것을 기르는 자는 小人이 되고 그 큰 것을 기르는 자는 大人이 될 것이라」는 것이다.[84)]

孟子가 말하는 大人과 小人은 心理的 本性을 파악하여 말한 東洋的 人間觀이다. 大體는 精神的 思惟器官이므로 道德的인 것을 本性으로 하는 것이요, 小體는 感覺的 感性器官이므로 非道德的 物欲의 영향을 받는 것이라고 할 수 있다.

朱熹에 의하면 大人이란 당시의 높고 귀한 자이다.[85)] 孟子는「大」에 대해 定義하기를「충실하여 빛이 있는 것을 大」[86)]라고 하였다. 이 말을 朱熹는「和하고 順한 것이 가운데 쌓여 英華가 밖으로 발하며, 아름다움이 그 가운데 있어서 四支가 드러나고 事業에 발하여 德業이 지극히 盛하여 더할 것이 없는 것이다[87)]고 하였다. 이런 의미의「大」와 관련된 孟子의 말에「大人은 德이 盛하여 上下가 敎化되는 것이니 그 있는 것에 물건이 敎化되지 않음이 없다」[88)]는 것이 있다. 그러므로 孟子가 말하는 大人은 仁義禮智의 標이 盛한 사람을 稱하는 것이라고 할 수 있다.

孟子는 大人의 일에 대해 四德과 관련해서 언급했다.「大人의 일은 仁을 몸에 두고 義를 따라가면 갖추어지게 되는 것이다」.[89)]

「大人은 말로서 믿음을 기약하지 않고 오직 義가 있는 곳으로 한다」.[90) ]「大人은 禮가 아닌 禮와 義가 아닌 義를 하지 않는다」.[91)]

孟子의 이른바 「大丈夫」도 大體論과 관련된 것이요, 「先立乎其大者」라는 삶의 태도야말로 한계에 도전하는 동양인의 사유체계를 잘 나타내 주고 있다. 작은데서 큰 것에로 나아가 작은 것의 한계를 인정하는 태도가 아니라 큰 것에 먼저 섬으로써 모든 작은 것의 한계를 극복하자는 매우 우주적이며 광대한 사상이다.[92)]

以上 살펴본 것으로, 大體가 小體를 包含하고 支配, 統攝하기 때문에 「食色」은 人性으로부터 除外되지 않을 뿐더러 人間이 禽獸와 區別되는 所以도 表明된다. 따라서 孟子가 大體小體論을 주장한 것은 心으로 生欲을 배척하고자 한 것이 아니요, 이를 포함하고 더 나아가 인간의 內心에 있는 精神機能을 높이고자 한 것이라고 볼 수 있다.

## 4. 良知 · 良能

孟子는 「사람이 배우지 않고 할 수 있는 것이 良能이고 생각하지 않고 아는 것이 바로 良知이다」[93)]고 말하였다. 어린

아이가 그 어버이를 사랑하는 것을 알지 못하는 것이 없으며, 자라서는 그 형을 공경하는 것을 알지 못하는 것이 없다는 것이다.[94] 이러한 良知·良能이 있기 때문에 인간은 「仁義禮智」의 存在를 인식할 수 있고 그것에 따라 行動할 수 있는 것이다. 다시 말해 良知·良能은 인간에게 內在한 仁義의 道德意志를 발동시키므로 이에 대한 자각과 실천을 통하여 仁義禮智를 완전히 發展시키면 누구나 聖人이 될 수 있다는 것이다.

孟子는 「牛山之木」의 비유를 들어 비록 사람에 있어서 仁義의 마음이 없으리오마는 그 良心을 상실함이 도끼로 날마다 벌목하는 것과 같으니 어찌 아름답겠느냐고 말하였다.[95] 즉 사람의 本性에는 仁義의 마음이 있는데 이러한 仁義의 良心을 사람들은 자주 버리게 된다는 것이다. 그러므로 良知·良能인 先天的 叡智와 能力을 바탕으로 良心을 되찾고 「存其心 養其性」하여 性善을 실현할 것을 孟子는 주장하게 되는 것이다.

따라서 孟子의 良知·良能說은 인간의 自覺能力과 實踐能力이 內在해 있음을 말한 것이다.

## B. 人性과 四德

孟子가 말한 人性에는 「仁義禮智」 四個의 善端이 있으니, 사람이 四端을 가지고 있는 것은 몸에 四體가 있는 것과 같은 것이다.[96)]

그는 말하기를 仁의 실상은 어버이를 섬기는 것이요, 義의 실상은 형을 따르는 것이다. 智의 실상은 이 두 가지를 알아서 버리지 아니함이요, 禮의 실상은 이 두 가지를 節文함이 이것이요, 樂의 실상은 이 두 가지를 즐겨 함이니, 즐겨하면 날 것이요, 나면 어찌 그치리오? 어찌 그치리오 하면 발이 뛰며 손이 춤추는 것을 알지 못할 것이라고 하였다.[97)]

孟子의 이러한 仁義禮智 思想은 孔子의 思想을 이어서 체계화, 일반화, 사회화시킨 것으로 「仁」·「義」·「禮」·「智」는 같은 次元에 있는 것이 아니다. 그러면 「仁」과 「義」는 어떠한 관계인가? 「仁以愛人」으로서 仁은 自我를 초월하여 自己擴大, 自己伸張을 의미하는 生命의 要求라면 義는 「義以持我」[98)]로 客體와 主體의 대립에서 主體를 긍정하는 정신으로, 客體는 주체의 자기 확대와 신장을 제한하게 된다. 진정한 仁은 義를 포섭해야 하고 義는 仁없이 이뤄질 수 없는 不可

分의 관계이다. 그리고 이러한 仁과 義의 本質을 이해하는 것이 智이고 이를 알맞게 일상생활에 구현시킬 때 알맞게 調節, 文飾하는 것이 禮이다. 그러므로 仁·義는 주체적 내용의 面이고 禮와 智는 作用의 面이다. 바꿔 말하면「仁」·「義」는 本(體)이고,「禮」·「智」는 用인 것이다.[99] 이러한 각기 다른 次元의 四德을 순서대로 考察해 보기로 한다.

## 1. 惻隱之心과 仁

孟子는 여러 번 惻隱이란 말을 引用하여 善端을 말하였다. 지금 어린아이가 물에 빠지려는 것을 별안간 보았을 때 놀라고 측은한 마음이 생겨서 달려가 붙잡는다.[100] 이와 같은 不忍人之心은 人間의 本性이 발현된 것으로서 仁의 善端인 것이다.

그러면 仁의 구체적 내용은 무엇인가? 孟子에 의하면 仁은 사람이니 합하여 말하면 道이다.[101] 仁이란 사람을 사람 되게 하는 도리이기 때문에「人心也」[102]라 한다. 사람이 차마 하지 못하는 것이 있으니, 그 차마 하지 못하는 마음씨가 仁이다.[103] 이러한 惻隱·不忍之心은 人心이다. 그래서 사람이 남을 해치고 싶지 않은 마음을 채우면 仁을 이루 다 쓸 수 없게 될 것이다.[104] 그러므로 仁은 善의 元이 된다고 볼 수 있으며 사람들이 본래부터 지니고 있는 마음씨에서 우러나오는 도리라고 말할 수 있을 것이다.

孟子는 孔子의 설명에 따라 「仁者愛人」[105]이라고 하였고, 「愛人者 人恒愛之」[106]라고 하였다. 이러한 仁의 始作은 나로부터 나온 것이므로 「親親仁也」[107]이며 「未有仁而遺其親者也」[108]이다. 仁은 밖으로부터 나에게 오는 것이 아니요, 나에게서 비롯된다. 그러므로 역시 「仁之實 事親 是也」[109]이고 「仁之於父子也」[110]인 것이다. 그리고 仁은 가까운 곳에서 먼 곳으로 미치므로 「仁者 無不愛也 急親賢之爲務」[111] 해야 하는 것이다.

孟子는 이른바 天爵과 人爵을 말하면서 「天爵이란 仁義忠信의 善을 즐겨서 게을리 하지 않는 것」[112]이라고 하였고 「仁은 하늘이 준 天爵이요, 사람이 거처하는 安宅이다」[113]고 하였다.

「仁이란 것은 활 쏘는 것과 같으니, 활을 쏘는 자는 몸을 바로 한 뒤에 쏘아서, 쏜 것이 맞지 않더라도 자기를 이긴 자를 원망하지 않고, 도리어 自身에게 구할 뿐이다」.[114] 따라서 仁義의 道德으로 內心을 充足케 하면 生理的 欲求 및 物

慾이 해소된다고 주장한 것도 外在的 요소보다 先天的 四端을 擴充할 것을 말하는 것이다.[115] 그러므로 孟子는 「富를 위하면 仁하지 못하고 仁하면 富하지 못한다」[116]고 하였다. 孟子가 생각한 仁의 힘은 「仁者 無敵」[117]이라는 말에서 잘 드러났으니, 仁이 不仁을 이기는 것은 마치 물이 불을 이기는 것과 같다.[118]

따라서 仁은 四德의 으뜸이요, 至善이 이뤄지는 것이다. 仁이 道德的 人格을 完成하는데 가장 기준이 되는 善德인 것이다.

## 2. 羞惡之心과 義

事必歸正이란 말이 있듯이 人間은 원래 正直하게 태어났기 때문에 不正·不義를 보면 憎惡之心과 羞惡之心이 일어나며 이를 바로 잡아 正으로 歸依하려고 한다. 이와 같은 羞惡之心은 思慮하거나 배워서 나오는 것이 아니다.

한 그릇의 밥과 한 그릇의 국을 먹으면 살고, 얻지 못하면 죽더라도 꾸짖으면서 주면 길을 가는 사람도 받지 아니하며, 발로 밀어서 주면 걸인도 깨끗하게 여기지 않는다.[119]

이는 비록 먹는 것이 급하더라도 禮가 없이 주면 차라리 죽을지언정 먹지 아니하는 것은 그 부끄러워하고 미워하는 근본 마음으로서 사람이 다 이것을 가지고 있다는 말이다. 그러므로 羞惡之心은 自性에 근본 한 純善이요, 義之端이 된다.

孟子는 義에 대하여 內在說을 주장하면서 여러 가지로 언급하였다.

그에 의하면 義란 사람의 길이다.[120] 行함에 있어 표준이 義이며 사람들 사이에 있어서 바른 길로 행하면 義가 되지 않음이 없다. 그러므로 일을 行함에 있어서 마땅한 것이 義라고 볼 수 있다.

또한 사람의 行爲에 있어서 그 法則이 있으니 大人은 말로써 믿음을 기약하지 않고 오직 義가 있는 곳으로 한다.[121] 良心대로 떳떳하게 살기 위해 삶을 버리고 義를 취한다. 그래서 孟子는 말하기를

> 「사는 것도 내가 바라는 것이며 義도 내가 바라는 것이지만, 두 가지를 兼하지 못한다면 삶을 버리고 義를 취할 것이다」.[122]

고 했을 것이다. 여기서, 구차하게 삶을 얻지 않으며 죽음보

다 심한 환난을 당하더라도 義를 취한다는 단호한 입장을 알 수 있다.

사람은 누구나 다 마구하지 않는 면이 있다. 이것을 마구하는 면에다 미루어 나가는 것이 義다. 벽을 뚫거나 담을 뛰어 넘는 것을 하지 않겠다는 마음을 充滿케 하면 義는 행하고도 남음이 있을 것이요, 사람이 이놈 저놈하고 남에게 무안당할 것이 없는 行實을 充滿케 하면 무슨 일을 하든지 義가 되지 아니함이 없을 것이니, 이는 義로운 길이 아니면 行하지 아니하며, 義로운 길이면 과감하게 實行한다는 의미이다.[123] 다시 말해 氣質의 편벽됨과 物欲의 가리움을 벗어나 良心을 따라 義로운 本性을 추구하라는 뜻이다. 그러므로 자기의 所有가 아닌데 취하는 것은 義가 아닌 것이다.[124] 大人은 항상 「居仁由義」[125]를 갖추고, 義가 아닌 義를 하지 않는다.

義는 인간관계에서 敬을 위주로 한다. 義의 실상은 兄을 따르는 것이다.[126] 나이가 많은 이를 공경하는 것이 義다.[127] 義는 君臣間에도 유지된다.[128] 이와 같이 義를 넓혀 가면 끝이 없다. 그러므로 義는 善德이요. 本性의 義之端에서 발로되는 四德의 하나인 것이다.

## 3. 辭讓之必과 禮

人性에서 자연히 우러나오는 마음 중 하나가 辭讓之心이요, 恭敬之心이다. 辭讓하거나 恭敬하는 모습은 밖에 나타나고 그 마음은 안에 있다. 그러므로 辭讓 · 恭敬之心은 先天的으로 人性에 內在하기 때문에 이것을 禮之端이라고 하는 것이다.

孟子는 어버이를 사랑할 줄 알고 어른을 공경할 줄 아는 것은 先天的으로 지니고 있는 사람의 良知良能이라는 뜻으로 다음과 같이 말하였다.

> 孩提의 아이가 그 어버이를 사랑하는 것을 알지 못하는 것이 없으며, 자라서는 그 형을 공경하는 것을 알지 못하는 것이 없다.[129]

여기서 愛와 敬이 하나 같이 사용됨을 볼 수 있고, 謙愛 · 恭敬之心이 人性 중에 本來부터 갖춰져 있음을 알 수 있다.

食色이 중요하나 그보다 禮가 더 重한 것을 알 수 있는 비유를 孟子는 다음과 같이 들었다.

> 형의 팔을 비틀고 먹을 것을 뺏으면 얻고 비틀지 아니하면 먹

을 것을 얻지 못한다고 하면 비틀겠느냐?[130]

이와 같이 못하는 것은 恭敬·辭讓之心의 善端이 있기 때문이다. 그러면 禮가 얼마나 중요할까? 孟子는 다음과 같은 사례를 들었다.

> 齊나라 景公이 사냥할 때 虞人을 부르는데, 그 증거로써 깃대에 새털을 단 기를 사용하였더니, 虞人이 이르지 않거늘, 죽이려 하였다. 「뜻이 있는 선비는 개천과 구렁에 있는 것을 잊지 아니하고, 용감한 선비는 그 머리를 잃는 것을 잊지 아니한다」 하시니, 공자께서는 무엇을 취하였는가? 그 부름이 禮가 아니므로 가지 않는 것을 취하신 것이다.[131]

大夫를 부르는 것으로 虞人을 부르므로 죽어도 감히 가지 아니한 예화에서 「非禮之禮, 非義之義 大人弗爲」[132]라는 禮思想을 볼 수 있다.

仁은 安宅과 같고, 義는 路와 같으니 사람이 安宅에 거처하려면 門으로 들어가야 한다. 禮란 門과 같다.[133] 節文함이 그 實相이다.[134]

禮가 있는 사람은 사람을 공경하고, 사람을 공경하는 자는 사람들이 항상 공경하게 된다.[135] 사랑하고 공경하지 않으면 짐승으로 사귀는 것이다.[136] 孟子는 당시의 諸侯들이 어진 이를 대접함이 幣帛으로써 공경함을 삼고 그 실상이 없음을 지적하여 恭敬은 幣帛을 받들기 전에 있는 것이요, 恭敬하나 실상이 없으면 君子는 헛되이 머무르지 않는다고 하였다.[137]

그러므로 禮는 빈객과 주인 간에 지켜져야 한다.[138] 實踐規範으로서 행동목표인 禮制의 준수는 매우 중요하다. 禮義가 없으면 上下가 어지럽기 때문이다.[139] 따라서 禮는 本然之性에 있는 四端이 발현된 四德의 하나라고 할 수 있고 생활의 規範과 儀則이요, 節文이라고 볼 수 있다.

## 4. 是非之心과 智

是非之心은 人間의 內心에 있는 道德性으로서, 이것에 의해 잘잘못을 辨別한다. 모든 善惡 · 是非 · 黑白 등은 是非之本性인 智로써 한다.

그래서 지혜는 賢者에 의해 밝혀진다.[140] 지혜로운 자는 모르는 것이 없으나 마땅히 힘쓸 것을 급히 하면 다스려지지 않는 것이 없다.[141]

智란 판단능력이고 人性에 根本할 것이기 때문에 「是非之心 智也」[142]라고 孟子는 말하였다. 그는 大智에 대하여 말하기를 「지혜로움을 미워하는 것은 지혜로 穿鑿하기 때문이다. 만일 禹임금이 물을 다스리는 것 같이 하면 지혜를 미워함이 없을 것이다. 禹임금이 물을 다스린 것은 그 無事한 것으로 행하신 것이니, 만일 지혜로운 자가 또한 그 無事한 것으로 행하면 지혜가 역시 클 것이다」[143]고 하였다. 이 말은 禹의 大智가 率性하여 行한 것을 說明한 것으로서, 사물의 이치가 자연의 順理에 따르지 않는 것이 없으니 만일 작은 지혜를 써서 천착하여 사사롭게 하면 성품에 해로워 도리어 지혜가 되지 못한다는 뜻이다.

또한 人倫을 重視한 孟子는 智의 실상이 仁과 義의 實인 어버이를 섬김과 형을 공경함을 알아서 버리지 않는 것이라고 하였다.[144]

이상 孟子가 주장한 四端之心과 仁·義·禮·智에 대하여 考察했거니와 性善의 根本인 四端은 道德 實踐의 可能 根據로서 이를 擴充하면 仁·義·禮·智의 善德을 이루게 되는 것이다.

# V. 性善의 實現

## A. 五倫과 孝悌의 實踐

孔子의 孝悌思想을 이어받은 孟子는「聖人 人倫之至也」[145]라고 하면서 人倫을 중요시했다. 그는 人性에 의해 五倫과 孝悌가 形成될 수 있음을 다음과 같이 말하였다.

> 사람에게 道가 있음에, 먹는 것을 배불리 하며 입는 것을 따뜻하게 하여 편안히 살면서 가르침이 없으면, 곧 짐승에 가까우므로 聖人이 근심하시어 契로 하여금 司徒로 삼아 가르치되 人倫으로써 하시니, 父子는 親함이 있으며, 君臣은 義가 있으며, 夫婦는 분별이 있으며 長幼는 차례가 있으며 朋友는 믿음이 있는 것이다.[146]

이러한 五倫은 孟子가 처음 제시한 것이 아니나, 당시의 전형적인 社會倫理로서 人間社會의 대부분을 망라한 포괄적인 規範이다.

『書經』 舜典에 五典 · 五常 · 五敎라 하여 父子, 君臣, 夫婦, 長幼, 朋友關係를 말하고 있고 『中庸』 章句에도 君臣, 父子, 夫婦, 兄弟, 朋友에 대한 다섯 가지를 말하고 있다. 孟子는 孔子의 孝悌思想을 이어받아 「入則孝 出則悌」[147]라는 말을 같이 말하였다. 이러한 五倫과 孝悌는 先天的 性善의 實踐規範으로서 家族倫理가 근간이 되고 있다.

## 1. 五倫

孟子는 「父子有親, 君臣有義, 夫婦有別, 長幼有序, 朋友有信」을 人倫의 代表的인 것으로 記述하고 그 첫째인 「父子」라고 하는 血緣關係와 이를 類推, 從橫으로 擴大 適用하였다. 이와 같은 五倫은 儒家가 인간을 사회적 存在로 把握한 것을 立證한 것이라고 볼 수 있다.[148]

그러면 첫째로, 五倫 중에서 核心이 되는 父子有親이 무엇인가 알아보기로 한다. 孟子는 섬기는 일 중에서 어버이를 섬기는 일이 가장 중대하다고 하였다.[149] 우리 집 노인 어른 공경하는 마음을 미루어 남의 집 노인 어른을 공경하라고 한다.[150] 이는 推恩思想이다. 내 집 노인 어른과 남의 집 노인 어른이 다 똑같다는 의미는 아니다. 내 부모를 親愛하는 마음을 미루어 다른 사람의 부모를 사랑하고 사람 사랑하는 마음을 미루어 만물을 아껴주고 사랑하는 것이다.[151]

孟子는 父子와 君臣을 內와 外로 표현하여 「집안에서는 父子요, 밖에서는 君臣이 사람의 大倫이다」[152]고 하였다. 이러한 그의 倫理는 父兄의 肉親을 보다 친애하고 존중하는 家族主義와 봉건적 等殺主義에 그 토대를 두고 있다.[153] 즉 나만을 위해서도 안 되고 모든 사람을 똑같이 생각해서도 안 되는 것이다. 내 가족이 있고서 다른 사람이 있으며 내 부모가 있고서 남의 부모도 있는 것이다. 그러므로 孟子는 「楊氏 爲我 是 無君也, 墨氏 兼愛 是 無父也, 無父無君 是 禽獸也」[154]고 하면서 부모도 모르고 임금도 몰라보는 것은 새나 짐승의 무리와 같다고 한 것이다. 孟子가 楊朱와 墨翟을 異端으로 단정하고 배척한 것도 자기의 부모와 남의 부모와 구별됨 없이 同一하게 대하려 함과 또 나라의 임금도 모르고 자기만을 위하여야 한다고 주장했기 때문이다.

孟子는 推及 擴大하는 倫理를 『詩經』에서 引用하여 말하기를 「詩云, 刑于寡妻 至于兄弟 以御于家邦 言擧斯心 加諸彼

而已」[155]라고 하였다. 이것은 나와 친근한 사이에 있는 대상 즉 혈연 집단인 가족에 대한 사랑의 마음씨를 그 대상에게만 머무르지 않도록 들어 올려서 또 다른 사람에게 베풀어 나가야 한다는 것이다. 그러므로 사람, 사람이 자기 親族을 친하고 자기 兄長을 공경하면 天下가 화평하여질 것이다.[156]

五倫의 核心이 家族關係 특히 父子間의 倫理에서 시작하여 사회, 국가에로 擴大 推及되어 간다고 보아야 할 것이니, 父子有親은 倫理의 발생 始原이라고 볼 수 있다. 孟子는 父子有親을 良知·良能으로 보고 先天的 人性에 근본 한 性善으로 생각하였다. 「孩提之童 無不知愛其親也 及其長也 無不知敬其兄也」라고 말했듯이 그는 性善의 立場에서 父子有親을 强調한 것이다.

둘째로, 君臣有義에 대해서 살펴보기로 한다. 孟子는 「의로우면서 그 임금을 뒤로 하는 사람은 없다」[157]고 말하면서 「임금과 신하 사이에 義가 유지된다」[158]고 하였다. 그는 또한 임금을 섬김에 義가 없고 나아가고 물러옴에 禮가 없고, 말할 때 先王의 道가 그르다고 하는 것은 답답함과 같은 것이니, 신하가 어려운 일로써 임금을 책하여 그 임금으로 하여금 堯舜과 같은 임금으로 하는 자는 임금을 높임이 큰 것이요, 착한 도를 열어 베풀어서 임금의 간사한 마음을 금하게 하고, 오직 그 임금이 잘못된 곳으로 빠질까 두려워하는 자는 임금을 공경함이 지극한 것이요, 그 임금이 능히 착한 도를 행치 못할 것이라 하여 告하지 않는 자는 그 임금을 심히 해롭게 한다는 것이다.[159]

孟子는 특히 堯舜을 모범으로 삼고 「임금이 되고자 하면 임금의 도리를 다하고, 신하가 되고자 하면 신하의 도리를 다할 것이니, 두 가지를 다 堯舜의 法으로 할 뿐이니 舜임금이 堯임금을 섬기는 것처럼 임금을 섬기지 않으면 그 임금을 공경치 않는 것이며, 堯임금이 백성을 다스리지 아니하면 그 백성을 해롭게 하는 것이다」[160]고 하였다. 그리고 어진 임금은 반드시 공손하고 검소하여 아랫사람에게 禮로 대하고 백성에게 취하는 것은 절제가 있어야 한다고 주장하였다.[161]

이상 살펴 본 君臣有義의 人倫思想은 孟子 生存 당시의 시대가 봉건군주시대였기 때문에 오늘날의 국가와 국민의 관계로 바꿔 적용하면 무리가 없을 것이다.

셋째로 夫婦有別에 관해서 알아보기로 한다. 孟子는 「동쪽 집의 담을 넘어 그 처녀를 끌면 아내를 믿고, 끌지 아니하면 아내를 얻지 못한다면 끌겠느냐」[162]고 하면서 夫婦가 맺어지는 과정의 禮의 중요성을 이야기 하였다. 孟子는 婚姻을 강조하여 婚禮를 중시했다. 獨身生活과 禁欲生活은 권하지 아니하였다. 재물을 좋아하고 色(아름다운 여자)를 좋아하는 情을 끊을 것이 아니라, 「與百姓同之」[163]할 것을 이야기했다.

孟子는 男女居室을 人之大倫으로 생각했다.[164] 그래서 그는 자신을 모시는 妾이 數百人인 것은 뜻을 얻더라도 하지 않겠다고 하였다.[165] 그는 『詩經』을 인용하면서, 아내에게 법도를 세워 형제에 이르게 하고 집과 나라를 다스릴 것을 주장했다.[166] 그는 妾으로써 아내를 삼지 말 것을 강조하였다.[167]

孟子는 舜이 「不告而娶」[168] 한 예를 들어 부부가 家統을 계승하여 자식 된 도리를 다 할 것을 역설하면서 夫婦生活이 大倫임을 명확히 밝혔다. 그리고 당시의 禮에는 사내와 계집이 친히 주고받지 않는 것이 分別있는 행동이었으나 형수가 물에 빠졌을 때는 건져주는 것이 權이라고 하였다.[169] 生存이 위급한 상황에서는 權道를 사용하는 것이 義로 이해될 수 있음을 말한 것이다. 그러므로 孟子의 夫婦有別論은 大倫의 입장에 선 法度를 강조한 셈이 된다.

넷째로 長幼有序에 대해 알아보기로 한다. 孟子는 사람마다 그 親한 이를 親히 하며 그 어른을 어른으로 모시면 天下가 평안할 것이라고 말한다.170) 이것은 長幼有序의 도리를 가까운 곳에서 구하고 그것을 넓혀 천하의 질서를 도모하고자 하는 思想이다. 그는 자기 집 어른을 존경하는 마음으로 남의 어른을 존경하며 자기 집 어린이를 사랑하는 마음으로 남의 어린이를 사랑한다면 세상을 쉽게 움직일 수 있다고 하였다.171)

또 孟子는 어른 앞에서 지켜야 할 태도로「천천히 가서 어른의 뒤에 가는 것을 공손하다 이르고 빨리 가서 어른의 앞에 가는 것을 공손치 않다고 이른다」172)고 하였다. 다시 말해 어른 앞에서 경거망동하지 말고 겸손하게 윗사람을 대하라는 의미이다. 이른바 孟子의 長幼有序는 다른 五倫과 마찬가지로 推及 擴大해가는 從的 질서를 강조한 것이다.

다섯째로, 朋友有信에 대해 孟子는 어떻게 생각하였나, 알아보고자 한다. 孟子는 信을 定義하여「有諸己謂信」173)이라고 하였다. 이는 성실하고 착한 것을 말함이다. 벗을 사귐에도 성실하고 착한 마음으로 사귀어야 함을 암시하는 말로 해석할 수 있다. 그래서인지 孟子는 責善이 朋友之道임을 말하고 있다.174)

孟子는 벗에게 믿음을 받으려면 어버이를 섬기는 데 기뻐해야 한다고 주장하였다.[175] 孝와 관련해서 朋友有信을 이야기 한 것이다. 孟子는 萬章이 벗을 사귀는 道를 물으니, 「나이 많이 먹은 것을 자랑해서는 안 되며, 자기 신분이 귀한 것을 자랑해서는 안 되며 형제가 권력 있음을 자랑하지 말고 사귀어야 할 것이다. 벗이라는 것은 그 德을 벗하는 것이니, 결코 자랑하지 말아야 한다.」[176]고 대답하였다. 孟子는 天子로서 匹夫를 벗한 최선의 예로 堯와 舜의 교제를 들었다.[177] 不狹貴한 교제가 友道임을 주장한 孟子는 貴貴와 尊賢이 같은 意義가 있음을 말하여 身分秩序와 道德秩序의 일치를 주장하였다. 萬章이 그의 스승 孟子에게 교제하는 것은 무슨 마음이냐고 물으니 「恭也」라고 대답하였다. 공손한 마음으로 사귈 것을 강조한 것이다.[178]

이른바 孟子의 五倫之道는 모든 人倫을 代表한 實踐規範이며, 孝悌가 그 기본이다. 家族關係의 倫理를 근간으로 해서 從的 橫的 社會 倫理에로 擴大한 것이다.

## 2. 孝悌

사실상, 儒家에서는 孝와 悌를 매우 중요시하고 있다. 가장 먼저 순수하게 발생되는 孝는 자식이 부모에 대한 愛情에서 나온 행위이다. 悌는 동생이 형에 대한 사랑에서 나온 행위이다. 孝는 從的 인간관계의 시발점이요, 悌는 橫的인 모든 도덕의 출발점이 된다. 孝란 자기 犧牲을 바탕으로 온갖 官能的이고 利己的인 欲求를 극복해 가면서 부모의 뜻을 따르는 것이다. 어버이가 살아계실 적에 禮로 섬기고, 돌아가시면 禮로써 장사지내고 禮로써 제사지내면 孝라고 할 수 있다.[179)]

孝란 부모의 뜻을 따라 순종하면서 그 心志를 봉양하는 것이다. 이는 養志의 뜻도 있으니 精神的인 孝養을 말함이요, 입과 몸을 봉양하는 육체의 봉양은 동물도 할 수 있으므로 孝에 포함시키지 않는다. 孟子는 曾子의 孝의 예를 들어 이를 설명 하였다.[180)] 不順은 親子關係에서 도리가 아니다. 자식다운 노릇을 하려면 부모에게 순종해야 한다. 그러므로 어버이에게 얻지 못하여서는 사람이 될 수 없고, 어버이에게 順하지 못해서는 아들이 될 수 없는 것이다.[181)] 부모에게 順應하는 것이야말로 孝道인 것이다.

어버이의 과실에는 경중이 있다. 큰 과실이 있는데도 이에 대한 是正을 바라지 않으면 어버이를 他人 취급하는 것이 되고 어버이의 과실이 적은데 원망하면 이것은 磯치 못한 것이다. 더욱 疏遠하게 하는 것도 孝가 아니요, 磯치 못하는 것도 孝가 아니다.[182]

온갖 역경 속에서도 부모의 뜻을 거역함이 없이 자식의 도리를 다하여 가정을 화목케 하고, 드디어 부모로 하여금 자식의 孝心에 감복케 한 舜임금은 大孝로 숭앙되고 있다. 孟子는 「堯舜之道 孝悌而已矣」[183]이라고 하면서 孝悌의 모범으로 삼았다. 그는 大孝에 대하여 말하기를 「舜임금이 어버이를 섬기는 道를 다하매 瞽瞍가 기뻐하니, 瞽瞍가 기뻐하는 것은 天下를 敎化하며 天下가 父子되는 것이 定해지니 이것을 大孝라고 한다」[184]고 하였다. 이는 완악하기 이를 데 없는 고수가 계모와 이복동생인 象과 결탁하여 舜을 죽이려고 하였지만 孝心이 지극한 舜은 오히려 부모와 동생인 象을 위하는 마음이 극진했기에 위와 같은 大孝에 이르게 된 것이다.

孟子가 性善說을 크게 주장한 까닭도 堯舜의 孝悌에서 지대한 影響을 받았다고 해도 과언이 아니다. 그가 「堯舜 性者也」[185]라고 하고 「道性善 言必稱堯舜」[186]이라고 칭송한 것으로 봐도 그 性品을 잃지 않고 닦아서 大孝에 이른 堯舜을 얼마나 孝悌와 性善의 모범으로 삼았는지 짐작할 수 있겠다.

孝는 死後에도 변함이 없어야 한다. 孟子는 살아계실 때에 봉양하는 것은 큰일이라고 할 것이 못되고 다만 돌아가셨을 때에 葬送하는 일이 큰일이라고 한다.[187] 君子는 天下를 위하려고 해도 그 어버이에게 쓰는 것을 아끼지 않는다고 하였다.[188] 그는 死後의 孝에 대한 例를 「曾晳嗜羊棗 而曾子不忍食羊棗」[189]으로 들었다. 이것은 曾子가 그 아버지가 살아 있을 때 즐겨 먹던 양조를, 아버지가 죽은 뒤에 먹으려 할 때는 반드시 그 아버지를 생각해 차마 먹지 못했음을 이야기 한 것이다.

孝가 지극한 사람은 스승을 배반하지 않는다. 數十年동안이나 모시고 가르침을 받던 스승이 사망했다고 해서 바로 그 스승을 배반하는 것은 야만인의 所行이다.[190] 孔子가 사망하였을 때 그의 門人들이 父母喪을 당했을 때와 마찬가지로 孔子의 무덤 옆에 墓幕을 짓고 3년 동안 居喪을 치른 것도 孝思想이다.

그러면 悌란 무엇인가? 悌는 孝의 연장이며 형제간의 橫的 사랑이다. 悌의 意義가 잘 드러난 孟子의 말을 빌리면 「밥을 주면서 사랑하지 않으면 돼지로 여기고 사귀는 것이요, 사랑하면서 공경하지 않으면 짐승으로 여기고 기르는 것이다. 공경이라는 것은 幣帛을 바치지 않았을 때부터 갖는 마음이다.」[191] 그러므로 物質的인 것은 恭敬之心보다 앞설 수 없는 것이다. 「出則弟」란 長者에 대한 恭敬之心의 태도이며 孝와 더불어 五倫의 中心이 되는 것이다. 悌의 자세에 대하여 孟子는 말하기를 「공손한 사람은 남을 업신여기지 아니하고 검소한 사람은 남의 것을 빼앗지 않는다. 남을 업신여겨 빼앗는 임금은 오직 順하지 않을까 두려워하는데 어찌 공손하며 검소하다고 할 수 있으리오? 공손하고 검소함은 부드러운 말씨와 웃는 낯빛으로 되는 것은 아니다」[192]고 하였다. 이는 悌의 思想을 끌어내 가식적 공검 태도를 공박한 것이다. 그러므로 사람을 禮로 하되 答하지 않거든 그 敬을 반성해야 한다.[193]

이제까지 살펴 본 孝悌는 性의 실천 규범으로서 五倫의 근간이 되며 그 밑바탕에 仁義禮智가 合理化해 주고 있다. 父母에 대한 孝와 敬이 仁義의 실상이며, 친족에 대한 親愛와 長者에 대한 恭敬은 천하를 화평하게 하는 本原인 동시에, 孝悌는 良知 · 良能으로서의 性善을 증명해 주는 實例인 것이다.

## B. 求放心과 寡欲

修己治人의 실천적 修養을 儒教에서는 주장한다. 不仁 不義를 拒斥하고 仁義禮智의 本性으로 돌아가기 위해서는 修養이 必要하다. 上과 下가 서로 利를 취하고, 빼앗지 않으면 만족하게 여기지 않는 현상[194]에는 物欲을 自制하는 修養이 必要하다. 心之官의 道를 행하려면 잃어버린 마음을 먼저 구해야 할 것이다. 그래서 孟子는 마음을 기르기 위한 寡欲을 말하였고 학문의 길로 求放心을 이야기하였다. 이러한 方法은 消極的이기는 하나 存心養性의 길이기 때문에 그 구체적인 내용을 살펴보는 意義가 크다고 볼 수 있다.

### 1. 求放心

孟子는 仁은 사람의 마음이요, 義는 사람의 갈 길이다. 그 길을 버리고 따르지 아니하며 放其心하고도 구할 줄 모르니 슬프다고 탄식하였다.[195] 그래서 그는 사람이 닭이나 개가 도망을 하였다면 곧 찾을 줄을 알되, 放心이 있으나 구할 줄을 알지 못한다고 말하면서 학문의 길은 다른 것이 없고 그 放心한 것을 구하는 것 뿐이다고 하였다.[196] 사람이 사람다운 노릇을 못하는 것은 良心 즉 仁義의 善心을 잃어버리기 때문이다.

孟子는 孔子의 말을 인용하여 「잡으면 있고 놓으면 없어져서, 出入이 때가 없어서 그 고향을 알지 못하는 것은 오직 마음을 이르는 것」[197]이라고 하였다. 마음의 神明은 측량치 못할 것이니 얻고 잃음은 쉬우나 보존해 지키기는 어려운 것이다.

孟子는 모든 사람이 不義를 부끄러워하고 不善을 미워하는 마음을 가졌으므로 비록 먹는 것이 급하더라도 無禮하게 주면 차라리 죽을지언정 먹지 않는 本心이 있는데, 物欲에 가리워 사람이 어두워지면 本心을 잃고 禮義에 어긋나는 萬鍾의 녹을 받는다고 한다.[198] 또한 말하기를, 두 줌이나 한 줌이 되는 오동나무와 가래나무를 사람이 진실로 키우고자 하면 다 기르는 방법을 알지 마는, 自身에 이르러서는 기르는 것을 알지 못하니 어찌 자신을 사랑하는 것이 오동나무와 가래나무만 같지 못하느냐? 생각지 않음이 심하기 때문이라고 하였다.[199] 그러므로 求放心 하기 위해서는 心之官의 道義에 따를 것을 주장했다. 그래서 그는 예를 들어, 음식을 탐내는 사람은 곧 사람이 천하게 여기니 그 작은 것만 길러서

心志와 같은 큰 것을 잃었기 때문이라고 하면서 耳目之官 즉 신체적 感覺的 器官이 道德心을 해치지 못하게 할 것을 내세웠다.[200] 그는 또, 사람이 주리고 목마른 해로움으로써 마음의 해로움을 삼지 아니하면 聖人에 미치지 못할 것을 근심하지 아니할 것이라고 주장하였다.[201] 이는 小體의 欲이 本心을 해치지 못하도록 강조한 말이다.

孟子는 잃어버린 마음을 求하기 위하여 自省 內求할 것을 이야기하였다. 求하면 얻고 버리면 잃어버린다. 여기에 求하는 것을 얻는데 有益한 것이 있으니, 그것은 내게 있는 것을 구해야 한다. 구하는 데는 방법이 있고 얻는 데 命이 있다. 이 求하는 것을 얻는데 無益한 것은 밖에 있는 것을 구하기 때문이다.[202] 그래서 孟子는「赤子之心」같은 소박한 마음을 잃지 말 것을 역설하면서 自省 內求를 주장하였다. 行하여도 얻지 못하거든 모두 자기 자신이 반성하여 구해야 하는 것이다.[203] 다시 말해 耳目之官에 유혹되어 放心된 本心을 찾으려면「萬物 皆備於我」한 內心에서 구해야 할 것이다.

## 2. 寡 欲

모든 사람들은 良心을 가지고 있으나 外物에 이끌려서 慾

心이 생기므로 本來의 良心을 잃어버린다.「산길의 지름길 사이는 갑작스레 다니면 길이 되고, 잠깐 동안 쓰지 아니하면 띠가 막게 되는 것이니, 이제 띠가 자네의 마음을 막았다.」[204]고 高子에게 말한 孟子는, 本心의 善을 기르기 위해서 多欲을 除去해 나갈 것을 주장하였다.

눈은 빛을, 귀는 소리를, 입은 맛을 欲求하는 것이라고는 하나 이러한 欲求를 다 채워줄 수 없다. 그러나 어떤 인간이든지 食色의 欲求를 끊고 보면 그 사람은 생명을 유지할 수 없다. 그러기 때문에 耳目之官의 欲求를 적절히 조절할 必要가 있다. 寡欲은 無欲이나 禁欲보다 더 적절한 思想이라고 볼 수 있다.

그래서 孟子는「마음을 기르는 데에는 慾心을 적게 하는 것보다 善한 것은 없으니, 그 사람됨이 慾心이 적으면 비록 本心을 保存하지 못하는 일이 있다손 치더라도 극히 적을 것이다」[205]고 하였다. 이 말은 慾心을 막는다는 의미도 있으나, 道德心이 慾心에 이끌리지 않도록 養心해야 한다는 의미이다.

孟子에 있어서 修養은 物欲을 自制하는데 있다. 예를 들어 대개 굶주린 사람은 맛있게 먹고 목마른 자는 달게 마신다.

그러나 이것은 음식의 올바른 맛을 안 것은 아니다. 주리고 목마른 것이 해롭게 한 것이다. 그런데 어찌 입과 배에만 이런 주리고 목마른 해로움이 있겠느냐? 사람의 마음에도 이러한 害가 있다.[206] 이는 지나친 禁欲으로 인한 心志의 장애를 말한 것으로, 食色에 있어서 本心이 道德意志와 調和를 이룰 것을 뜻하는 것이다. 그래서 孟子는 行해서는 안될 것을 行하지 말고, 欲求해서는 안될 것을 바라지 말 것을 주장하였다.

### C. 養浩然之氣

孟子의 浩然之氣는 非道德的인 것은 拒斥하고 道義는 실현시키고자 하는 眞勇이요, 不動心의 한 방법이다. 그는「나는 말을 알며 나의 浩然의 氣를 잘 기른다」[207]고 말하면서 浩然之氣에 대하여 다음과 같이 설명하였다.

> 浩然之氣는 말로 표현하기 어려우나 그것의 氣됨이 지극히 크고 지극히 강건하며 곧은 삶의 태도로 그것을 길러 해를 끼치지 않으면 곧 그 氣가 하늘과 땅 사이에 가득 들어차게 된다.
>
> 그것의 氣됨이 또한 義와 道를 짝하는 것이니 이것이 없으면 시들어 버린다. 그것은 義가 모아져서 생겨나는 것이며 義가 갑자기 밖에서 뺏어오는 식으로 생겨나는 것이 아니다. 행동을 하여 마음에 만족스럽지 못한 점이 있다면 그것은 시들어 버린다.[208]

朱熹에 의하면, 浩然은 물이 흘러서 그치지 않는 것과 같은 것이다.[209] 浩然은 성대하고, 유행하는 모양이다. 대개 그 마음에 홀로 얻은 바로서 형상과 소리의 징험이 없으므로 쉽게 말로 형용할 수 없다. 浩然의 氣는 나의 氣이니 길러서 害하지 않으면 천지에 가득찰 것이요, 한번 사사로운 뜻에 가리는 바가 되면 欿然히 시들어져서 작음을 알 것이다. 浩然의 氣는 마음이 그 바른 것을 얻을 때를 기다려야 한다. 浩然은 이지러지고 결함이 없을 때이다.[210] 浩然之氣에 대한 以上의 설명을 다시 요약하면 다음과 같다. 浩然之氣는 道德的 행위가 쌓여져서 생겨나는 것으로 內在的 義와 關聯된 것이다. 至大至剛한 것이며 正義와 人道에 配合됨으로써 養育될 수 있는 것이다. 孟子는 氣를 기르는 방법으로 氣를 재빨리 이르거나 그렇다고 잊어 버려서도 禁物이라고 말한다. 만약 氣에 조급히 기르려고 하면 이는 마치 宋人이 벼이삭을 빨리 자라게 하기 위하여 뽑아 올리다가 그만 말려 버리는 결과를 초래한 것과 같고, 또 養氣할 것을 잊고 있으면 이것은 마치 논밭을 김매지 않는 사람과 같다고 하였다.[211]

孟子의 浩然之氣에서의 「氣」란 孔子의 「氣」와 다르다. 孔子에 있어서 氣는 動物的 血氣, 勇氣를 志氣, 義氣로 轉換하여 道德境界에 끌어올린 것이다.[212] 孟子의 浩然之氣는 이 志氣를 다시 直으로 養하여 宇宙境界로 끌어올린 「至大至剛, 塞於天地之間」의 상태에 到達하는 것이다.

孟子의 浩然之氣는 萬物皆備於我의 神秘的 경지인 듯싶다. 이러한 氣는 인간 사회의 道德的 실천을 企하는 至大至

剛의 氣이며 物欲的 행위를 막고 물리칠 수 있는 精神的 高次元의 世界인 것이다.

그러면 孟子가 말한 氣란 무엇인가? 心의 本體를 알려면 氣와 志를 밝혀야 한다. 金容沃의 견해에 의하면「古代 中國人들은 人體가 血과 氣로 형성되어 있다고 본 듯한데, 이때 血은 단순한 피가 아니라 인체의 액체 적 물질의 전체를 지칭하며 오늘말로는 넓은 의미에서 "體液"에 해당될 것이다. 氣는 이에 관해서 人體의 기계적 물질(이때 물질이란 뉴톤물리학적 물체개념이 아니다)의 전체를 가리키고 있다. …… 이런 문맥에서 비로소「孟子」의「公孫丑上」에 나오는 氣의 문제, 浩然之氣나 義氣 등의 槪念이 좀 더 구체적으로 파악될 수 있는 길이 열린다」고 한다.[213]

孟子는 志와 氣의 관계를「志氣之帥也」라고 하여 志는 氣의 장수이며, 氣는 志의 병졸로 비유했다. 또한 氣와 體와의 관계를「氣體之充也」라고 하여 氣는 體의 채움이라고 하였다.[214] 이러한 관계에서 志가 주도적이기는 하나 氣가 무조건 志를 따른다는 것은 아니고 서로 相互依存的인 관계를 맺고 있는 것으로 설명되며 그 氣는 義와 道를 짝하는 것이므로 氣가 없으면 시들게 된다고 한다.[215]

그러므로 氣를 잘 간직하기 위해서는 잠잘 때처럼 고요한 상태를 낮에도 보존해야 한다는 孟子의 「存夜氣」방법은 매우 가치 있는 것이라고 할 수 있다. 存夜氣의 方法은 養氣의 소극적 방법이다. 孟子에 의하면, 사람이 理와 義의 마음이 없는 것이 아니며 오직 잡아 지키면 가까운데 있는 것이니 아침과 낮 사이에 질곡하여 없어지지 않으면 夜氣가 더욱 맑을 것이며, 夜氣가 맑으면 곧 아침의 맑은 기운이 물건과 접하지 않았을 때에 고요히 비고 밝은 기상을 스스로 보게 된다는 것이다.[216) 이러한 存夜氣工夫는 李退溪의 敬思想이나 程子의 靜坐 등과 깊은 관계에 있다.

尹絲淳 교수에 의하면 「退溪에 있어서 敬의 條件은 窮理에 앞서 요구되는 學問의 條件일 뿐 아니라, 一心의 動靜을 左右(主宰) 함으로써, 萬事를 行하게 하는 根本이 되는 條件이라고 까지 力說한다고 한다」[217) 孟子는 이처럼 後의 理學者들에게 기틀을 마련해 주었던 것이다.

## 1. 不動心

不動心이란 先天的 道德心이 外物에 誘惑되지 않는 大勇의 상태이다. 孟子의 不動心은 北宮黝와 孟施舍의 勇氣 기르

는 방법과 다르고 告子의 不動心과 다르다. 孟子는 「浩然之氣」와 「知言」으로 不動心에 이르는 방법을 말하였다. 不動心이란 集義를 통하여 생기는 것이다. 孔子의 善勇 방법을 따른다. 즉 스스로 반성해서 해롭지 않는다면 낡고 헐렁한 옷을 입은 사람에 대해서라도 내가 겁내지 않고는 견딜 수 없지만 스스로 반성해 義롭다면 천만 사람의 앞이라도 내가 겁내지 않고 갈 수 있는 용기가 大勇이요, 不動心을 견지한 태도이다.

좀 더 부연하면 다음과 같다. 반드시 이김으로써 主를 삼아 不動心하는 북궁유의 방법과 대개 힘으로 싸우는 선비 같은 孟施舍의 不動心은 참다운 不動心이 아니며, 이 두 사람은 孔子의 제자 曾子와 子夏와 같은 경우라는 것이다. 內省的인 曾子와 같은 氣慨를 고수하는 孟施舍의 不動心과 外省的인 子夏같은 北宮黝의 不動心을 비교할 때는 前者가 더 낫지만, 孟子가 내세우고 싶은 眞勇은 孔子가 말했던, 스스로 반성해서 義롭다면 천만 사람 앞이라 할지라도 겁내지 않고 갈 수 있는 道德的 眞勇이다. 不動心은 이런 眞勇인 것이다. 公孫丑는 告子의 不動心과 孟子의 不動心의 차이를 물었다. 孟子는 告子의 不動心이, 다른 사람이 하는 말에서 납득이

가지 못하거든 마음으로 求하지 말고 마음에서 얻지 못하거든 氣에서 求하지 말라는 것과 같다고 하였다. 이러한 告子의 不動心에 대해 孟子는, 志는 氣의 統帥者이고 氣는 몸을 채워주는 것이므로 志가 나타나면 氣가 그 뒤를 따르기 때문에 告子의 말은 옳지 못하다는 것이다. 그러므로 孟子의 不動心은 志가 한결같으면 氣를 움직이는 것과 마찬가지로 氣가 한결같으면 志를 움직여 道德意志가 誘惑되지 않게 하는 것을 가리키는 것이다.[218]

## 2. 知 言

孟子는 道德的 分別知로서 知言을 이야기 하였다. 그는 말하기를

> 어떻게 말을 안다고 이릅니까? 대답 하시기를, 흔한 말에 그 가리운 것을 알며, 음란한 말에 그 빠진 것을 알며, 간사한 말에 그 떠난 것을 알며, 도피하는 말에 그 궁한 것을 알 것이니, 그 마음에 生하여 그 政事를 害치며 그 政事에 發하여 그 일을 害치게 되는 것이니, 聖人이 다시 나더라도 나를 좇으실 것이다.

라고 하였다.[219] 이는 孟子가 自身을 道德知의 知了者로 自

處하고, 확신에 차서 한 말이다. 이것은 또한 心의 體를 밝힌 경지로서 心의 한 표현인 言語를 통하여 內心의 상태를 인식하게 된다는 의미의 말이다. 사람의 말은 다 마음에서 우러나오는 것이니 마음이 바른 이치에 밝아 本性이 가리움이 없는 然後에 能히 옳고 그름을 분별할 수 있다는 뜻이라고 봐도 좋을 것이다.

勞思光은 이곳의 知言이란 德性我의 認知我에 대한 臨照를 가리킨다고 했다.[220] 이는 德性我를 우위에 놓고 能히 認知我를 포섭하는 것과 같으니 德性我를 主宰로 삼는 입장이다. 知識보다 마음의 상태를 重視한 것이다.

그러므로 마음이 道에 통하여 천하의 이치를 깨달은 자만이 知言에 能할 수 있고, 內心을 德化시킨 자만이 能히 말을 잘 알 수 있다는 뜻이기도 하다. 이런 知言은 『大學』의 格物致知와 그 方法이 相通하는 점이 많다.

### 3. 大丈夫

戰國 末期의 公孫淵과 張義는 縱橫家이다. 景春이 이들을 흠모하였는지 말하기를 「公孫衍과 張儀는 어찌 진실한 大丈夫가 아니리오? 한번 怒하면 諸侯가 두려워하고 편안히 居함

에 천하가 조용하다」고 하였다. 孟子가 이에 대해 대답하기를 「이들이 어찌 大丈夫가 되리오? 자네는 禮를 배우지 아니하였는가? 丈夫가 冠禮를 할 때는 아버지가 命하고, 여자가 시집을 갈 때는 어머니가 命하는 것이니, 갈 적에 문에서 훈계하기를 "네가 시집가서는 반드시 공경하고, 반드시 조심하여 남편의 뜻을 어기지 마라"고 하나니 유순한 것으로 바름을 삼는 자는 첩과 지어미의 道이다. 天下의 넓은 곳에 살며, 天下의 올바른 자리에 서며, 天下의 大道를 행하며, 뜻을 얻지 못하면 홀로 그 道를 지켜나간다. 富하고 貴함도 능히 음란하게 하지 못하며 가난과 천함도 능히 옮기지 못하며, 위엄과 무용도 능히 굽히지 못하는 것, 이것이 大丈夫이다」[221] 고 하였다. 이는 心志를 길러 仁義의 大道를 걷는 자가 大丈夫라는 말이다. 公孫淵과 張儀는 天下의 大道에 의해 行하는 大丈夫가 아니요, 妾婦之道를 밟는 비굴한 자들 이라는 것이다.

그러므로 大丈夫는 不動心의 소유자를 가리켜 말함이요, 浩然의 氣와 知言을 길러서 天地의 氣와 호흡을 같이 하는 大勇이다. 이는 工利主義者가 아니요, 道德的 理想主義이면서 血氣나 思辨에 치우치지 않는 사람이다. 集義를 통해 道

德心이 투철해진 氣槪가 당당한 不撓不屈의 節槪人이다. 仁義禮智의 善德을 그 內心에 固守하는 大德人이다.

孔子는 자기 자신을 「聖則吾不能」이라고 하면서 聖人으로 자처하지 않았고 孟子는 「人皆可以爲堯舜」이라고 했지만 聖人은 도달하기 힘들다고 생각하고 그 대신 구체적인 실현 목표를 제시하고 있는데, 孔子의 「君子」와 孟子의 「大丈夫」가 그것이다.[222)]

이른바 孟子의 養浩然之氣論은 그에 의해 提唱된 修養論의 최고의 경지이다. 氣가 天地之間에 꽉 들어차서 天人合一의 極致化된 경지에 도달한 자가 大丈夫이다. 大丈夫가 되려면 不動心해야 되고 不動心에 이르려면 集義와 知言에 의하여 養氣해야 한다. 이러한 養氣는 先天的 品性이 가리움이 없는 本心에 의해 이뤄지는 것들이다. 모두 性善을 근거로 해서 주장된 孟子의 修養論이다.

# Ⅵ. 結論

『孟子』 序論에서 朱熹는 孟子가 세상에 큰 공이 있는 것은 그 性品이 善하다고 한 것이요, 孟子의 性善과 養氣의 理論은 다 앞의 聖人이 나타나지 못한 것이라고 하였다. 孟子는 性善說을 주장하여 五倫의 合理的 根據를 提示하였고 모든 實踐道德의 實現 可能性을 提示해 주었다. 孟子의 性善說은 人間의 存在價値를 道德性에 두고 있는 人間觀이다. 道德을 實踐하기 위해서는 自律的 能動的 自由意志를 發揮하여야 한다고 보면 人間을 性善으로 보아야 한다. 荀子처럼 人性의 本質을 性惡으로 본다면 統制와 獨裁에 偏向될 우려가 있다. 여기에 性善說의 優位가 있고 現代 民主社會에 부합되는 意義가 있는 것이다.

孟子는 인간의 마음속에 있는 不忍人之心을 바탕으로 仁

義禮智 四德의 存在根據를 밝혀주었을 뿐만 아니라 이러한 心을 바탕으로 存心養性하는 방법을 가르쳐 주었다. 그의 修養論은 現代에도 수용할 만한 가치가 있는 것이다. 人間의 本性의 善한 面을 잘 들춰 준 공로는 크다고 보며, 仁義의 실천이 人間 本性의 具現이라는 점을 강조하여 人間의 自己完成, 自我實現의 義務性을 높였다는 점에서 그 意義가 至大하다고 본다.

儒家思想은 사람을 사람으로서 인정하고 사람을 토론의 대상으로 삼고 있을 뿐만 아니라 人性論의 中心이 되고 있다. 특히 孟子의 心性論은 가치 근원과 도덕 주체를 드러낸 性善과 四端設, 도덕 실천의 문제인 五倫과 養氣인데 儒家의 人性論으로서 영원히 중요한 위치를 차지하고 있을 것이다.

孔子가 仁을 주장했지만 仁을 실천하는 까닭을 설명해 주지 않았는데 비하여. 孟子는 性善說로 解答을 준 점에서 孔子의 倫理思想을 한층 더 높여 强化 發展시킨 셈이다.

孟子만큼 일관성 있고 투철하게 性善論的 人間觀을 가진 思想家는 東西洋을 막론하고 드물다. 倫理學이 人間을 대상으로 하는 人間學이기 때문에 人性을 어떻게 파악하느냐에 따라 行爲의 處方도 달라진다. 이런 관점에서 볼 때, 人性이

物性과 다름을 주장하고 人間의 존엄성을 是認 主張한 孟子의 性善說은 理想的 實踐哲學이다. 人間의 善한 本性을 잘 들추어 그것을 擴充시키고자 여러 가지 修養方法을 구체적으로 提示한 實踐哲學인 것이다. 이 점에서 現代에도 계속 유의 검토해 볼 만한 가치가 매우 크다고 볼 수 있다.

孟子의 五倫과 孝悌思想은 오늘날 같이 外來 西歐思想의 홍수 속에서 昏迷하고 가치관 타락이 심한 때에 영원한 人類 秩序의 原理가 될 것이다. 그의 平和主義的 大同思想은 오늘날 국제질서와 평화유지에 合致되는 思想으로서 마땅히 尊重되어야 할 것이다.

孟子의 大體小體論을 現代 心理學이나 生理學에서 보면 매우 합리적이고 과학적인 人間心理 把握이라고 볼 수 있다. 大體는 思惟器官으로서 오늘날 心理學에서 말하는 高度의 精神機能이다. 善惡이 人間의 思惟能力이 작용될 때 결정되는 것이며, 仁義禮智의 四端도 大體인 思惟能力을 통해서 擴充될 수 있는 것이다.

孟子의 存心養性論도 오늘날 누구에게나 실천 가능한 修養論이다. 그의 「구방심」論은 「寡欲」論과 함께 物質萬能主義의 誘惑에 대하여 좋은 行爲 調節의 處方이 될 수 있을 것이다. 現代처럼 多變化되고 不確實한 時代일수록 孟子의 「浩然之氣」는 孤高한 不動心의 人格 修養方法이 될 수 있고, 國家의 指導者像으로서 「大丈夫」像은 새롭게 검토 부각시킬 만한 人間像이며 어느 때보다도 더 요청되는 修養論이라고 할 수 있을 것이다.

그런데, 위와 같이 지대한 意義가 있는 孟子의 性善說은 論義의 素地가 다분하다. 孟子는 性善을 주장하면서 사람은 모두 나면서부터 善한 마음을 가지고 있다고 하였다. 이런 論旨에서 보면 세상에는 惡이 存在하지 않을 텐데 실제로는 惡이 存在한다. 이에 대한 孟子의 설명은 미흡하다. 그의 大體小體論에서 보면 思惟하는 心만이 善이 된다고 하였는데 이러한 心은 仁義禮智를 버리고 생각하지 않을 수도 있으므로 惡의 原因이 될 수도 있는 것이다. 不善의 原因을 外的인 耳目之官의 物欲 때문이라고 보는 孟子의 論據는 오히려 利己欲의 存立根據를 주는 것이며 方法論上의 矛盾이 되고 있다. 外的인 物性은 善惡無記의 性이요, 사실상 食色과 같은 物性은 人間의 存在에서 빼놓을 수 없는 性이기 때문이다.

또한 孟子의 性善理論은 혼란을 가져 올 여지가 있다. 그 例로 孟子는 心性情을 엄격히 구분하지 못한 점을 들 수 있다. 그는「情인즉 善할 수 있다」[223]고 하면서 性善說의 論據로 삼았고,「惻隱한 心은 仁이라」[224]고 하면서 情과 心을 구별하지 아니하였다. 그리고 그의「仁義禮智는 내가 본래 가지고 있는 것이지만 생각하지 않을 뿐이다」[225]고 한 말을 미루어 보아도 仁義禮智의 本性이 바로 心이라는 의미가 포함되어 있다. 이와 같이 心性情을 명확하게 분간하지 못한 점은 더욱 考察해 보아야 할 것이다.

이 外에 孟子는 耳目口鼻 四體의 同一한 感覺性으로 理義를 좋아하는 心의 同然함을 類推하였는데, 과연 感覺의 同一性이 心의 同然함을 포섭할 수 있는지 의문이 든다. 孟子가 性善의 當爲 實踐을 넓히기 위해서 心의 同然함을 요구하지 않을 수 없었고 그의 心理的 要請도 절실했을 것이나, 價値中立的인 사실에서 當爲的 存在原理를 이끌어 내는 데에는 無理가 있는 듯 싶다.

孟子는 性善을 증명할 때마다 經驗的 事例로 설명하고 있다. 不忍之心을 갖고 있는 사람은 누구나 다 어린아이가 우물에 빠지려는 것을 갑자기 봤을 때 惻隱之心이 일어난다고 했는데, 이러한 단순사례에서 性善의 原理를 이끌어낸다는 것은 不完全한 類推法일 뿐만 아니라 蓋然性을 면치 못할 우려가 있다. 그리고 만약에 원수의 아이가 우물에 빠지려는 것을 갑자기 봤을 때의 경우를 想定해 본다면 이때에도 반드시 惻隱之心이 일어난다고 단정할 수 없을 것이다.

孟子의 性善說은 봉건사회의 제약된 사회조직과 그가 의도하는 봉건적 이상사회의 실현을 위하여 提唱한 것이기에 그 내용에 있어 봉건적 요소를 탈피하고 있지 못하다. 그가 국민을 위한 정치를 주장한 점은 存重되어야 하나 국민에 의한 국민의 정치를 주장했다고 보기에는 困難하다. 그는 勞心者와 勞力者의 계급을 인정하여 정신노동 하는 사람은 다스리고 육체노동을 하는 자는 다스림을 받을 것을 주장했는데, 이런 思想은 사회의 不平等 構造를 당연시 하는 思想에 악용될 우려가 있다.

孟子의 五倫과 孝悌思想은 家父長的 권위의식에 사로잡혀 악용될 소지가 다분히 있다. 그는 봉건적 신분질서사회의 회복을 염원하고 下者가 上者에 대한 恭敬 順從만이 人間의 天性이라는 주장을 많이 한 듯하며, 男女間의 사랑에 대해서도 동등한 立場에서 論한 대목은 찾아보기 힘들다. 그러나 孟子의 전반적인 性善說은 恒常的인 價値를 지닌 部分이 많으며, 오늘날에도 그 理想은 변하지 않고 있다.

以上과 같이 孟子의 性善說이 지닌 現代的 意義와 問題點을 살펴보았거니와, 계속해서 그의 思想과 對比될 수 있는 다른 理論들과 論理的으로 상호 比較 檢討해 보면 더욱 확실하게 드러날 것이다. 특히 그의 生涯에 대한 信憑性있는 자료의 발견 및 性善의 證明方法에 대해서는 더 자세한 규명이 요구되고 있다. 어찌하든지 孟子의 性善 思想은 人性論으로서 불멸의 가치가 있을 뿐만 아니라 人間의 自己 完成, 自我實現의 義務性을 높여 준 理想的인 哲學이라고 確認할 수 있을 것이다.

## 【각주】

1)『孟子』, '滕文公章句下.
2) 上揭書, 梁惠王章句上,「曰, 有肥肉 廏有肥馬 民有飢色, 野有餓 莩此 率歌而食人也」.
3) 上揭書,「今也.制民之, 仰不足以事父母, 你不足以畜妻子, 樂歲終 身若四年 不免於死亡」.
4) 上揭書, 文公章句上, 夫仁政 必自經界始」,
5) 上揭書, 梁惠王章句上,「若民則無恒產_因無恒心」.
6) 上揭書, 際文公章句下,「臣弑其君者有之子弑其父者有之」.
7) 上揭書,「聖王 不作 諸侯 放慾 處士 橫議 楊朱墨望之言 天下」,
8) 上揭書,「吾 爲此懼 閑先聖之道 距楊墨放淫辭, 邪說者 不得作, 作於其心害於其事, 作於其事, 害於其政 聖人 復起, 不易吾言矣」,
9) 上書, 離婁章句下,「則人之所以求富貴利達者其妻妾, 不義也而 不相位者幾希矣」。
10) 上揭書, 公孫丑章句下, 且古之君子過則改之今之君子過則順之」,
11) 司馬遷,『史記』, 孟子 · 荀卿列傳에 의하면「孟軻는 鄒나라 사람이다. 子思의 門人에게서 受業했다. 道가 이미 통하게 되었을 때에 齊 宣王에게 가서 섬기려고 했으나, 등용하지 아니했다. 梁나라에 갔지만 梁 惠王도 孟子가 말하는 바를 실행치 않은 데다. 孟子를 보고 그의 말은 迂遠하고 사정에 서툴다고 했다. ……천하는 바야흐로 合從이냐 連衡이냐 하는 방법에 힘썼으며 남을 잘 攻伐하는 것으로 현명하다고 하였다.
그런데 孟軻는 唐 · 虞와 三代의 德政을 논술하였다. 그런 까닭에 가는 곳에 合하지 않는지라 물러나와 萬章의 무리와 함께 詩.書를 序述하고, 仲尼의 뜻을 풀어 밝히고『孟子』七篇을 지었다」고 한다.
12) 字가 子車(『孔叢子』·『漢書』藝文志註), 子輿(『史記正義』) 子居(『急就篇』顔師古註)라는 기록이 있고, 秦漢시대의 기록에는 없으며 後漢의 趙岐가字를 들은 적이 없다」고 했다.
13) 孟子의 年譜는 정확한 기록이 없고 여기서는 狄子奇의『孟子編年』과 元의 程腹必의 孟子 年譜에 따랐다.
14) 前揭書, 梁惠王章句下,「孟子之後喪 前喪…前以士後以大夫」.
15) 上揭書, 盡心章句下,「由孔子而來至於今 百有餘歲」.
16) 上揭書, 離婁章句下,「子 未得爲孔子徒也, 私淑諸人也」,
17) 上揭書, 告子章句下,「魯欲使樂正子爲政, 孟子曰, 吾聞之 喜而不 森, 公孫丑曰, 樂正子 强乎? 曰, 否. 有知慮? 曰, 否. 多聞識 乎? 曰, 否。然則癸爲喜而不?

日, 其爲人也好善」,

18) 上揭書, 離婁章句下, 孟子日, 言人之不善. 當如後患 何」.

19) 上揭書, 公孫正章句上, 「取諸人以爲善, 是與人爲善者也, 故 君子 莫大乎與人爲善」.

20) 上揭書, 「我 四十不動心」.

21) 上書, 乃所願則學孔子也……. 自有生民以來未有孔子也」,

22) 上揭書, 際文公章句下, 「我亦正人心, 息邪說距行放淫辭」.

23) 上揭書, 公孫丑章句下, 「如欲平天下 當今之世 舍我, 其誰也?」.

24) 上揭書, 條文公章句下, 「更_問日, 後車數十乘. 從者數百人以傳 食於諸侯不以泰乎?孟子日, 非其道則一簞食, 不可受於人如其道則 舜, 堯之天下 不爲泰, 子以爲泰乎?」.

25) 上揭書, 梁惠王章句上, 「日 若寡人者可以保民哉? 日, 可, ……日 是心 足以王矣, 百姓 皆以王爲愛也, 臣 固知王之不忍也, 王日, 然誠有百姓者, 齊國, 雖偏小 吾何愛一牛?即不忍其 陳若無 罪而就死地, 故 以羊易之也」.

26) 梁啓超, 「中國文化思想史」, 李民樹 譯(서울:正音社, 1983), p.118.

27) 方東美, 「中國人生哲學槪要」 頁 218, 金忠烈, 「中國哲學散稿」, (서울 : 가學社, 1979), p.262 에서 再引用,

28) 梁承武, "孟子 性善說의 涵義에 對한 考察" 東洋哲學硏究會編, 「中國哲學思想論究」1, (서울:驪江出版社, 1986), p.119.

29) 『中庸』, 章句大全 首章, 「天命之謂性」。

30) 馬友蘭, 「中國哲學史」, p.55, 鄭仁在, "孟子의 天에 對한 考察" (碩士學位論文, 高麗大學校大學院, 1970), p.41 에서 再引用.

31) 前揭書, 告子章句上, 「生之謂性」.

32) 上揭書, 盡心章句上, 「萬物皆備於我矣」.

33) 上揭書, 「孟子日, 盡其心者 知其性也, 知其性則知天矣」,

34) 上揭書, 「君子所性_仁義禮智 根於心」.

35) 上揭書, 離婁章句下, 「君子所以異於人者以其存心也」

36) 上揭書, 告子章句上,

37) 上揭書, 盡心章句下, 「孟子日, 口之於味也, 目之於色也, 耳之於聲也, 鼻之於夏也, 四肢之於安佚也, 性也有命焉 君子不謂性也」.

(38) 上揭書, 孟子日, 仁之於父子也, 義之於君臣, 禮之於賓主也, 聖人之 於天道也, 命也. 有性 君子不謂命也」.

39) 上揭書, 盡心章句上, 「形色 天性也, 惟聖人然後可以踐形」.

40) 上揭書, 告子章句上, 「孟子日, 生之謂性也猶白之謂白與? 日, 然, 自羽之白也猶白雪之白, 白雪之白白玉之白與? 日, 然, 然則天之性 猶牛之性, 牛之性濟人

之性與?」.

41) 上書,「孔子曰, 爲此詩者其知道乎. 故 有物 必有則民之秉夷 也故 好是懿德」.

42) 上揭書, 離婁章句下,「天下之言性也, 則故而已矣.故者以利爲本」。

43) 尹絲淳,「東洋思想과 韓國思想」, (서울: 乙酉文化社, 1984), p.19.

44) 前揭書, 盡心章句下,「曰, 可欲之謂善」.

45) 朱熹註,『孟子』, 盡心章句下,「曰, 可欲之謂善」, 朱註: 天下之理 其善者, 心可欲, 其惡者,必可惡, 其爲人也, 可欲, 而不可惡, 則可謂 善人矣」.

46) 前揭書, 離婁章句下, 孟子曰, 大人者不失赤子之心者也」.

47) 上揭書, 盡心章句下,「可欲之謂善, 有諸己之謂信, 充實之謂美, 充實 而有光輝之謂天, 大而化之謂聖, 聖而不 知之之謂神」,

48) 梁承武, 前揭書, p.119.

49) 朱熹註, 前書, 序說.

50) 前揭書, 告子章句上.

51) 上揭書, 離婁章句上,「是故誠者, 天之道也, 思誠者, 人之道也」.

52) 上揭書, 盡心章句上,「莫非命也. 順受其正……盡其道而死者, 正命 也, 不惜死者非正命也」.

53) 上揭書, 告子章句上,「故凡同類者擧相似也, 何擇至於人而疑之? 聖人與我同類者,……故曰, 口之於味也有同者, 耳之於聲也 有同 聽, 目之於色也 有同美, 至於心 獨無所同然乎? 心之同然者 何也?, 聖人先得我心之所同然耳, 故 理義之悅我心」,

54) 上揭書, 公孫丑章句上,「所以謂人皆有不忍人之心者, 今人 作見儒子 將入於井, 皆有花陽惻隱之心, 非所以內交於儒子之父母也, 非所以要譽 於鄕黨明友也, 非惡其聲而然也, 由是觀之無惻隱之心 非人也, 無羞 惡之心 非人也, 無辭讓之心 非人也, 無是非之心 非人也, 惻隱之心 仁之端也, 羞惡之心義之端也, 辭讓之心禮之端也, 是非之心智之端也」.

55) 上揭書, 盡心章句上,「孟子曰, 人之所不學而能者, 其良能也, 所不慮 而知者, 其良知也, 孩提之重 無不知愛其親也, 及其長也無不知敬其 兄也」.

56) 上揭書, 離婁章句下.

57) 上揭書, 盡心章句上.

58) 註 40 참조

59) 註 37 참조.

60) 註 38 참조.

61) 上揭書, 際文公章句下, 周曆問曰, 古之君子任乎? 孟子曰, 任」,

62) 李相殿, "孟子性善說에 對한 硏究"「高大五十周年記念論文集」, (서울 : 高麗大學校出版部, 1955), p.17.

63) 前書, 離婁章句上,

64) 上揭書, 離婁章句下,「有人於此 其待我以橫逆則君子必自反也, 我必 不仁也 心無禮也, 此物_宜至……自反而忠矣 其橫逆由是也, 君子日, 此亦妄人也已矣, 如此則禽獸奚擇哉?」.

65) 上揭書,「人之所以異於禽獸者幾希, 庶民 去之, 君子 存之」.

66) 上揭書,「君子所以異於人者以其存必也, 君子 以仁存心, 以禮存心」

67) 上書,「若夫君子所患則亡矣, 非仁無爲也非禮無行也 如有一朝之 ㅣ 患 제君子不患矣」.

68) 上揭書, 公孫王章句上,「君子不怨天 不光人」.

69) 上書, 盡心章句下,「君子 行法以俟命而已矣」.

70) 上書,「君子之守 修其身而天下平」.

71) 上揭書, 盡心章句上,「君子所性大行不加 雖窮居 不損 分定故也, 君子所性_仁義禮智根於心, 其生色也 睟然見於面 義於背 施 於四體四體不言而喩」。

72) 上揭書, 梁惠王章句上,「君子之於禽獸也見其生, 不忍見其死, 聞其 聲, 不忍食其肉, 是以君子遠庖廚也」.

73) 上書, 盡心章句上,「流水之爲物也不盈科不行 君子之志於道也, 不成章 不達」.

74) 上書, 離婁章句下,「孟子日, 君子深造之以道 欲其自得之也, 自得 之則居之安, 居之安則資之深, 資之深則取之左右, 逢其原, 故, 君子欲 其自得也」.

75) 上揭書, 公孫丘章句上,「故 君子莫大乎與人爲善」.

76) 上揭書, 盡心章句上,「君子引而不發如也. 中道而立能者從也」.

77) 上揭書, 萬章章句下, 惟君子能由是路_出入是門也, 詩云, 周道如底 ㅣ 其直如失。君子所履 小人所視」,

78) 上書, '文公章句上,「君子之德風也, 小人之德草也」.

79) 上揭書, 盡心章句上,「孟子日, 君子之所以教者五, 有如時雨化者, 有成德者, 有達財者, 有問答者, 有私淑艾者, 此五者君子之所以敎也」.

80) 上揭書,「孟子日, 君子有三樂而王天下不與存, 父母俱存, 兄弟無 故 一樂也, 仰不愧於天, 你不作於人 二樂也, 得天下英才而敎育之三 樂也」.

81) 上揭書,「孟子日, 廣土衆民, 君子欲之所樂, 不存, 中天下而立定 四海之民君子樂之所性不存焉」.

82) 上揭書,「恭敬而無實 君子不可虛拘」.

83) 上揭書, 告子章句上,「公都人問日, 鈞是人也或從其大體或從其小體 何也? 日, 耳目之官 不思而故於物 物 交物則引之而已矣, 心 之官則思思則得之不思則不得也, 此天地所與我者先立乎其大者 則其小者不能奪也 此為大人而已矣」。

84) 上揭書,「體有貴踐, 有小大 無以小害大 無以暖害貴, 養其小者為小人 養其大者爲大人」.

85) 朱註, 前揭書, 盡心章句下, 原註:趙氏曰, 大人, 當時尊貴者也.

86) 前揭書, 盡心章句下,「充實而有光輝之謂大」.

87) 朱註, 前揭書,「和順積中, 英華發外, 在其中, 而腸於四支, 發於事業, 則德業至盛, 而不可加矣」.

88) 前揭書, 盡心章句上,「有大人者正己而物正者也」.

89) 上揭書,「居仁由義大人之事備矣」.

90) 上揭書, 離 婁章句下,「大人者, 言不必信 行不必果惟義所在」,

91) 上揭書,「非禮之禮, 非義之義 大人 弗爲」.

92) 金容沃,「東洋學 어떻게 할 것인가」, (서울 : 도서출판 통나무, 1986), pp.284 ~ 285.

93) 註 55 참조.

94) 上同,

95) L, 子章句上, 雖存乎人者, 吾無仁義之心戰 其所以於君良 者, 赤猶 斤之於木也, 日日而伐之, 可以爲美乎?」

96) 上揭書, 公孫丑章句上,「側隱之心仁之端也, 羞惡之心之端也, 辭讓 之心禮之端也, 是非之心智之端也, 人之有是四端也, 猶其有四體也」,

97) 上揭書, 離婁章句上,「仁之實 事規是也, 義之實 從兄. 是也, 智 之實, 知斯二者弗去是也, 禮之實, 節文斯二者是也, 樂之實 樂斯二 者, 樂則生園, 生則惡可已也? 惡可已則不如足蹈之, 手之舞之」,

98) 梁啓超,「儒家哲學」, (臺北:中華書局, 民國 48), p.25.

99) 王鳳階,「中國教育史」, (臺灣: 國立編譯館, 民國 58), p.51.

100) 註 54 참조.

101) 上揭書, 盡心章句下, 孟子曰, 仁也者 人也. 合而言之道也」.

102) 上揭書, 告子章句上,

103) 上揭書, 盡心章句下,「人皆有所不忍, 達之於其所忍 仁也」.

104) 上揭書,「人能充無欲害人之心 而仁, 不可勝用也」.

105) 上揭書, 離婁章句下.

106) 上同,

107) 上揭書, 盡心章句上.

108) 上揭書, 梁惠王章句上.

109) 上揭書, 離婁章句上.

110) 上揭書, 盡心章句下.

111) 上揭書, 盡心章句上,

112) 上揭書, 告子章句上,「仁義忠信樂善不修_此天爵也」.

113) 上揭書, 公孫丑章句上,「夫仁, 天之尊爵也 人之安宅也」.

114) 上揭書,「仁者, 如射, 射者正己而後 發, 發而不中 不怨勝己者 反求諸己而已矣。

115) 上書, 告子章句上,「詩云旣醬以酒 旣電以德言飽仁義也, 所 以不願人之高梁之味也, 令聞廣譽, 施於身, 所以不願人之文繡也」,

116) 上揭書, 勝文公章句上,「爲富 不仁矣, 爲仁, 不富矣」.

117) 上書, 梁惠王章句上,

118) 上揭書, 告子章句上,「仁之勝不仁 猶水勝火」.

119) 上揭書,「一節食 一豆得之則生, 弗得則死 爾而與之 行道之 | 人 弗受, 爾而與之乞人 不也」.

120) 上揭書, 萬章章句下,「夫義路也, 禮門也」,

121) 上揭書, 離婁章句下,「孟子日, 大人者, 言不必信 行不必果惟義 所在」。

122) 上揭書, 告子章句上,「生亦我所欲也義亦我所欲也 二者 不可得 兼 舍生而取義」。

123) 上揭書, 盡心章句下,「人皆有所不爲.達之於其所爲也……人能 充無穿穀之心, 而義不可勝用也, 人能充無受爾汝之實, 無所往而不 爲義也」

124) 上揭書, 盡心章句上,「非其有而取之非義也」.

125) 上揭書,「居仁由義大人之事備矣」

126) 上揭書, 離婁章句上,「義之實 從兄. 是也」.

127) 上揭書, 盡心章句上,「敬長義也」.

128) 上揭書, 盡心章句下,「義之於君臣也」.

129) 上揭書, 盡心章句上,「孩提之重, 無不知愛其親也, 及其長也無不 知敬其兄也」。

130) 上揭書, 告子章句下,「卷兄之臂而奪之食則得食 不移則不得食將 之乎?」。

131) 上揭書, 萬事章句下,「齊景公田 招虞人以症, 不至將殺之志 士不亡在溝壑, 勇士不亡喪其元 孔子奚取焉, 取非其招不往也」,

132) 上揭書, 離婁章句下.

133) 上揭書, 萬章章句下,「夫義路也, 禮門也」,

134) 上揭書, 離婁章句上,「禮之實_節文斯二者是也」.

135) 上揭書, 離婁章句下,「有禮者敬人…… 敬人者人恒敬之」,

136) 上揭書, 盡心章句上,「愛而不敬_獸畜之他」.

137) 上揭書,「恭敬者 幣帛未將者也, 恭敬而無實 君子不可虛均」,

138) 上書, 盡心章句下,「禮之於賓主也」,

139) 上揭書,「無禮義則上下亂」。

140) 上揭書,「智之於賢者也」,

141) 上揭書, 盡心章句上,「知者 無不知也, 當務之爲急」.

142) 上揭書, 告子章句上,

143) 上揭書, 離婁章句下,「所惡於智者 爲其鑿也 如智者若禹之行水也, 則無惡於智矣,禹之行水也行其所無事也如智者亦行其所無事則 智亦大園」.

144) 上書, 離婁章句上,「仁之實 事親是也, 義之實從兄是也, 智之 實知斯二者弗去是也」.

145) 上揭書。

146) 上揭書. 際文公章句上,「人之有道會食媛依 逸居而無教 則近於 禽獸 聖人有憂使契為司徒教以人倫, 父子有親君臣有義 夫婦有別長幼有序 朋友有信」

147)『論語』學而篇 및『孟子』勝文公章句下

148) 宇野精一, "儒家思想1本質" [ 東洋思想」, 第二卷, (東京: 東京大學出版會, 1967), pp.3 ~ 26.

149) 前揭書, 離婁章句上,「孟子曰, 事熟爲大? 事親爲大」.

150) 上揭書, 梁惠王章句上,「老吾老以及人之老」.

151) 上揭書, 盡心章句上,「親親而愛民, 仁民而愛物」.

152) 上揭書, 公孫王章句下,「內則父子, 外則君臣, 人之大倫也」。

153) 安炳周 等 譯, 孟子」, 新譯四書, (서울 :玄岩社, 1974), p.290.

154) 前揭書, 際文公章句下,

155) 上揭書, 梁惠王章句上,

156) 上揭書, 離婁章句上,「人人親其親長其長而天下平」.

157) 上揭書, 梁惠王章句上,「未有義而後其君者也」,

158) 上揭書, 盡心章句下,「義之於君臣也」,

159) 上揭書, 離婁章句上,「事君無義 進退無禮 言則非先王之道濟沓 끕也。故日, 責難於君 謂之恭, 陳善閑邪 謂之敬, 吾君不能 謂之賊」

160) 上揭書,「欲爲君 盡君道, 欲爲臣盡臣道, 二者皆法堯舜而矣. 不以舜之所以事堯. 事君不敬其君者也, 不以堯之所以治民治民 賊其民者也」,

161) 上揭書, 際文公章句上, 賢君必恭儉 禮下 取於民有制」。

162) 上揭書, 告子章句下,「東家牆而樓其處子則得妻 不樓則不得妻 則將樓之乎?」.

163) 上揭書, 梁惠王章句下.

164) 上揭書, 萬1章句上,「男女居室 人之大倫」,

165) 上揭書, 盡心章句下,「侍妾數百人我得志, 弗爲也」.

166) 上揭書, 梁惠王章句上, 詩云, 刑于寡妻 至于兄弟 以御于家邦」.

167) 上揭書, 告子章句下,「無以爲妻」.

168) 上揭書, 萬1章句上 및 離婁章句上。

169) 上揭書, 離婁章句上,「男女授受不親禮也, 瘦弱緩之以手着權也」

170) 上揭書, 離婁章句上,「人人親其長其長而天下平」.

171) 上揭書, 梁惠王章句上,「老吾老以及人之老吾幼以及人之 天下 可連於掌」,

172) 上揭書, 吉子章句下,「徐行後長者 謂之弟, 族行先長者謂之不弟」,

173) 上揭書, 盡心章句下.

174) 上揭書, 離婁章句下,「責善_朋友之道」.

175) 上揭書, 離婁章句上,「信於友有道事親弗悅 弗信於友矣」.

176) 上揭書, 章章句下,「萬章問曰, 敢問友, 孟子曰, 不狹長 不狹 貴不被兄弟而友_友也者友其德也不可以有被也」.

177) 上揭書,「舜尙見帝 帝館甥于室, 亦變舜迭爲主, 是, 天子 而友匹夫也。用下敬上謂之貴貴, 用上敬下, 謂之尊賢 貴貴尊賢 其義一也」.

178) 上揭書,「萬章問曰, 敢問交際何心也? 孟子曰, 恭也」.

179) 上揭書, 際文公章句上,「會子曰, 生事之以禮 死葬之以禮 祭之以 禮 可謂孝矣」註

180) 上揭書, 離婁章句上,「會子養會 必有酒肉, 將微 必請所與, 問 有餘, 必曰, 有。哲 死, 元 表會子, 必有酒肉, 將야 不請所 與問有餘, 曰, 亡矣. 將以復進也. 此所謂養口體者也, 若會子則可謂 養志也」.

181) 上揭書, 不得乎親不可以爲人 不順乎親不可以爲子」.

182) 上揭書, 告子章句下, 親之過大而不怨 是 愈疏也, 親之過小而怨 是 不可磯也, 愈疏 不孝也, 不可磯 亦不孝也」.

183) 上揭書.

184) 上揭書, 離婁章句上,「舜盡事親之道而替腰底豫 瞖底豫而天 下化, 聲底豫而天下爲父子者定, 此之謂大孝」.

185) 上揭書, 盡心章句下.

186) 上揭書, 際文公章句上,

187) 上揭書, 離婁章句下,「養生者不足以當大事, 惟送死可以當大事」.

188) 上揭書, 公孫任章句下,「君子 不以天下儉其親」,

189) 上書, 盡心章句下.

190) 上揭書, 文公章句上,「陳良楚產也 悅周公仲尼之道…… 子之 兄弟事之數十年師死而遂倍之」。

191) 上揭書, 盡心章句上, 孟子曰, 食而弗愛 家交之也。愛而不敬 獸 之也。恭敬者幣弟之未得者也」,

192) 上揭書, 離婁章句上, 孟子曰, 恭者 不侮人, 儉者 不奪人, 삽 奪人之君, 惟恐不順焉, 惡得為恭儉? 恭儉豈可以聲音笑貌為哉?」,

193) 上揭書,「禮人不答反其敬」.

194) 上揭書, 梁惠王章句上, 上下交征利 不奪 不壓」,

195) 上揭書, 告子章句上,「孟子曰, 仁 人心也。義人路也. 舍其路 而不由, 放其心而不知求 哀哉」,

196) 上揭書,「人有 犬 放則知求之, 有放心而不知求, 學問之道 無也。 求其方心而已矣」,

197) 上揭書,「操則存, 舍則亡, 出入無時莫知其鄕 惟心之謂輿」.

198) 上揭書,「一簞食, 一豆羹, 得之則生, 弗得則死, 嘑爾而與之行道 之人弗愛, 爾而與之乞人不屑也。萬鍾則不辨禮義而受之萬鍾 於我何加?... 此之謂失其本心」,

199) 上揭書,「孟子曰, 拱把之桐梓人欲生之 皆知 以養之者, 至於身而不知以義之者, 愛身不若桐梓? 弗思甚也」

200) 上揭書,「飮食之人則人賤之矣, 爲其養小以失大也」。

201) 上揭書, 盡心章句上,「人能無以饑渴之害 爲心害則不及人不爲憂矣」。

202) 上揭書,「求則得之 舍則失之, 是求_有益於得也, 求在我者也。 求之有道得之有命, 是求無益於得也, 非在外者也」.

203) 없음

204) 上書, 盡心章句下,「孟子謂高子曰, 山經之間 介然用之而 成路_爲問不用則茅塞之矣, 今 茅塞子之心矣」,

205) 上揭書,「孟子曰, 養心莫善於寡欲, 其爲人也寡欲 雖有不在焉 者寡矣, 其爲人也多欲 雖有存焉者寡矣」.

206) 上書,「孟子日, 饑者甘食, 渴者甘飮, 是未得飮食之正也。職渴 害之也, 口腹_有職渴之害? 人心 亦皆有害」.

207) 上揭書, 公孫丑章句上「日, 我知言, 我善養吾 浩然之氣」。

208) 上揭書, 難言也. 其爲氣也至大至剛, 以直養而無害, 則塞于天地之 間, 其爲氣也配義與道無是發也, 是集義所生者。非義襲而取之也. 行有不廉於則俄矣」.

209) 朱註, 前揭書, 公孫王章句上, 註:浩然, 如水之流

210) 上揭書, 註:浩然, 盛大流行之貌........文 日, 浩然, 是無齒火時.

211) 前揭書, 公孫任章句上, 必有事焉而勿正, 心勿忘 勿助長也無若 宋人然。宋人有閔其苗之不長而懷之者」,

212) 金敬, "中國哲學上에서 본 회의 學說"「高麗大學校 論文集」 第6集(서울 :高麗大出版部, 1962), p.145.

213) 金容沃, 前揭書, p.216.

214) 前揭書, 公孫丑章句上,「夫志氣之也, 氣體之也」.

215) 上揭書,「志壹則動氣氣壹則動志...... 其爲氣也義與道無時錢也」.

216) 上揭書, 告子章句上,「則其旦書之所爲有借亡之矣, 浩之反覆則其 夜氣不足以存, 夜氣不足以存則具違禽獸不遠矣」

217) 尹絲淳,「退溪哲學의 研究」, (서울:高麗大出版部, 1986), p.34.

218) 前揭書, 公孫丑章句上, [日, 不動心 有道? 日, 有. 北宮斷之 養勇也, 不膚橈 不自逃...... 今夫厥者趨者氣地而反動其心」。

219) 上書, 何謂知言? 日, 辭 知其所藏, 淫辭 知其所陷, 邪辭 知所離, 遁辭, 知其所窮,

生於其心 發於其政, 害於其事, 聖人復 起必從吾言矣」。

220) 勞思光,「中國哲學史」, 鄭仁在譯, (서울:探究堂, 1986), p.137.

221) 前揭書, '文公章句下, 景春日, 公孫衍張儀 不誠大丈夫哉? 一怒而諸侯權, 安居而天下.孟子日, 是焉得爲大丈夫乎。子未學禮 丈夫之冠也 父命之, 女子之嫁也 母命之, 送之門, 戒之自… ……居天下之廣居立天下之正位, 行天下之道, 得志與民由之, 不「得志 獨行其道, 富貴不能, 貧賤 不能移, 威武不能屈, 此之大丈 夫」.

222) 蔡元培, 中國倫理學史」, (臺北:中央文物供應社, 民國 45), p.16.

223) 前揭書, 告子章句上,「孟子日, 及若其情則可以爲善矣, 及所謂善也」

224) 上揭書,「人皆有之, 惻隱之心 仁也」

## 【參考文獻】


1. 金敬球, "中國哲學上에서 본 氣의 學說「高麗大學校 論文集」제6집, 서울: 高麗大學校出版部, 1962.
2. 金容沃,「東洋學 어떻게 할 것인가」, 서울: 도서출판 통나무, 1986.
3. 金忠烈,「中國哲學散稿」, 서울: 汎學社, 1979。
4. 勞思光,「中國哲學史」, 鄭仁在 譯, 서울: 探究堂, 1986.
5. 梁啟超,「中國文化思想史」. 李民樹 譯, 서울: 正音社, 1983.
6. 梁啟超,「儒家哲學」, 臺北: 中華書局, 民國 48(1959).
7. 梁承武, "孟子 性善說의 涵義에 對한 考察"「中國哲學思想論究」1, 서울: 江出版社, 1986.
8. 王鳳喈,「中國教育史」, 臺灣: 國立編譯館, 民國 58(1969),
9. 宇野精一, "儒家思想の本質"「東洋思想」, 第二卷, 東京: 東京大學出版部, 1967.
10. 尹絲淳,「東洋思想斗 韓國思想」, 內含:乙西文化社, 1984。
11. 尹絲淳,「退溪哲學硏究」, 只昌:高麗大學校出版部, 1986.
12. 李相殷, "中國哲學史"「韓國思想叢書」, 1, 日昌:景仁文化社, 1973。
13. 李相殷, "孟子性善說, 對 硏究"「高大五十周年記念論文集」:高麗大學校出版部, 1955.
14. 安炳周等譯,「孟子」, 新譯四書近, 只是:玄岩社, 1974.
15. 楊孝榮,「中國社會思想史」, 高在旭譯, 江原大學出版部, 1987.
16. 柳正基譯,「四書三經」, 乃昌:學力開發社, 1985.
17. 柳正基,「東洋思想事典」, :友文堂, 1965.
18. 丁範鎮編,「大學 論語 孟子 中庸」, :大東文化硏究院, 1984.
19. 鄭仁在, "孟子 天 對式 考察", 碩士學位論文, 高麗大學校 大學院, 1970.
20. 朱熹,「孟子 · 大學」韓相甲譯 四書集註 I, 只昌: 三省出版社, 1986。
21. 朱熹,「論語。 中庸」韓相甲譯 四書集註 I, H告: 三 版社, 1986。

22. 蔡元培,「中國倫理學史」, 臺北:中央文物供應社, 民國 45(1956)。

23. 馮友欄,「中國哲學史」鄭仁在譯, g:蜜雪出版社, 1985.

24, 韓雪掩,「中國哲學思想評」서울: 昌震社, 1976.

25. 洪慶變, "孟子의 性善說에 對한 考察", 京畿大學論文集, 1971.

碩士學位論文

# 孟子와 荀子에 나타난 人性論의 比較 研究

- 人性의 實現과 修養을 中心으로 -

# A comparative study on the human nature of Mencius and Hsün Tzu

- with the focus on the realization of human nature and moral culture -

碩士學位論文

# 孟子와 荀子에 나타난 人性論의 比較 硏究

- 人性의 實現과 修養을 中心으로 -

# A comparative study on the human nature of Mencius and Hsün Tzu

- with the focus on the realization of human nature and moral culture -

신아출판사

| 목 차 |

論文要約 · 111

緒論 · 119

## Ⅰ. 孟子와 荀子의 人性論의 形成 背景

A. 時代的 背景 · 123

B. 生涯的 背景 · 128

C. 學問的 背景 · 131

## Ⅱ. 孟子와 荀子의 人性論 概念

A. 孟子와 荀子에 있어서 人性의 意味 · 137

1. 性의 意味 · 138

2. 善의 意味 · 145

3. 惡의 意味 · 148

B. 性善과 性惡의 論證 · 152

C. 性善說과 性惡說의 相違 · 162

## Ⅲ. 孟子와 荀子가 본 人性의 構造

A. 孟子의 人性 構造 · 169

1. 人性과 物性 · 169

2. 人性과 四德 · 175

B. 荀子의 人性 構造 · 185

1. 性 · 情 · 欲 · 185

2. 氣 · 生 · 知 · 義 · 190

C. 孟子와 荀子의 人間型 · 195

1. 小人 · 195

2. 君子 · 200

3. 聖人 · 209

Ⅳ. 人性의 實現과 修養

A. 孟子의 性善 實現 · 215

1. 求放心과 寡慾 · 216

2. 養浩然之氣 · 219

3. 五倫과 孝悌의 實現 · 223

B. 荀子의 性惡說에 따른 道德的 修養 · 235

1. 大淸明과 聖心 · 236

2. 爲學과 正名 · 240

3. 禮義의 實踐 · 246

C. 孟子와 荀子에 있어서 道德主義의 具現 比較 · 253

結 論 · 259

ABSTRACT · 269

감사의 글 · 275

■ 각주 · 277

■ 참고문헌 · 290

# 孟子와 荀子에 나타난 人性論의 比較 硏究

– 人性의 實現과 修養을 中心으로 –

李喜碩

韓國教員大學校 大學院 初等 道德教育 專攻

(指導教授 李壽允)

本 硏究는 孟子와 荀子의 人性論에 대하여 比較 硏究를 하고자 했다. 硏究의 重點은 人性의 實現과 修養에 두었다.

孟子와 荀子는 중국 역사상 혼란이 극심했던 戰國時代의 사람들이다. 그 時代는 民生苦가 극심했고 人倫이 문란했다. 士風이 타락한 百家爭鳴의 時代였다. 孟子와 荀子의 生卒에 대해서는 미상이며 推定되고 있을 뿐이 다. 孟子는 子思의 門下에서 修學했다. 荀子는 仲弓으로부터 孔子의 道를 전수 받았다. 孟子와 荀子는 孔子의 思想을 계승하면서 各其 다른

人性論을 주장했다. 두 사람의 人性觀 모두 孔子의 「性相近 習相遠」에서 기인했다. 孔子의 「性相近」은 선험적 向德性을 말한 것이다. 이것이 孟子의 性善說이 되었다. 「習相遠」에서의 習은 경험적 학습이다. 이것이 荀子의 性惡說의 연원이 되었다.

孟子와 荀子에 있어서 「性」의 意味는 서로 다르다. 孟子가 말한 性은 사람의 內心에 바탕을 둔 仁義禮智를 의미한다. 孟子는 특히 人性과 物性을 구별하였다. 그가 말하는 性이란 일정한 소질과 같은 「才」를 가리킨 것이다. 荀子는 欲情을 諸惡의 원인으로 간주한다. 荀子가 말하는 性은 「自然」이다. 「生而質朴」한 것이다.

孟子는 惡 그 자체의 實在性을 인정하지 않았다. 그에 의하면 惡은 人爲에서 오는 것이다. 荀子는 「化性起僞」 하는 禮義와 師法을 고취하는 대신 耳 · 目 · 口 · 鼻 四體의 欲을 가리켜 「性惡」이라고 하였다.

孟子는 本性의 欲求대로 하는 것 즉 可欲을 善이라고 하였다. 荀子에 의하면 善이란 人爲的으로 된 것이다. 道理에 맞고 平和的인 것을 善이라고 보았다. 孟子는 孔子의 도덕적 天命思想을 윤리적으로 해석하여 性善을 주장했다. 그는 感

覺 및 心情의 相似性이 나타난 사례에 입각하여 善意志의 所有를 類推함으로써 性善을 증명하였다. 孟子는 演繹的 論證을 하기 위해 人間生命의 근원으로서의 天과 人間의 도덕적 본질로서의 性을 들었다. 그는 歸納的 論證을 위해 人間과 禽獸의 차이, 同類로서의 凡人과 聖人, 不忍人之心의 발로 等 經驗的 事例를 들었다. 荀子는 人間의 本性을 惡한 것으로 보고 있다. 그는 性惡思想을 크게 直接的 方面과 間接的 方面으로 구분하여 설명하였다. 荀子는「爭奪」「賊」「淫亂」이「好利」「猜惡」「耳目의 欲」「好聲色」의 外部的 表現이라고 한다. 그는 사람이「善」하려고 欲하는 것은「性」이 惡하기 때문이라고 말한다.

孟子는 性善의 관점에서 善端의 擴充을 추구한다. 荀子는 性惡의 입장에서 人爲的 學習을 강조한다. 道德的으로 善化를 추구하는데 있어서는 共通點을 갖고 있다. 그들의 理論에 문제점이 있다. 그 例로 孟子는 心性情을 엄격히 구분하지 못했다. 孟子는 價値中立的인 사실에서 當爲的 原理를 이끌어내는 無理를 취했다. 荀子의 論理에도 비약성이 있다. 荀子는 性惡을 주장하면서 人間은 본래 知能을 가졌기 때문에 원하고 노력하기만 하면 누구를 막론하고 聖人의 경지에 도

달할 수 있다고 하였다. 이 論旨에는 惡한 性이 善化될 수 있다는 주장에 대한 理論的 근거가 불충분하다. 人性이 惡한 것이라면 聖人이라 해도 性惡한 까닭에 禮義法度를 만들 수 있을지 의문이다.

孟子는 道德的 欲求만을 人性으로 본다. 그는 人性과 物性을 구별하고 君子와 庶民의 다른 점을 論하였다. 孟子가 말한 人性에는「仁義禮智」四個의 善端이 있다. 仁義禮智 思想은 孔子의 思想과 次元이 다르다. 그가 말하는 仁義는 主體的 內容의 面이고 禮와 智는 作用의 面이다. 荀子의 人性 構造論은 孟子와 다르다. 荀子에 있어서 性·情·欲은 하나의 계열을 이루고 있다. 性이란 自然의 경향이다. 情이란 性이 구체화한 것이다. 欲이란 情이 감응되어 나온 것이다. 性·情·欲 가운데서 거시적인 것은 欲이며 이 欲의 살핌에 의하여 性을 알 수 있다. 荀子는 人間의 人間다운 所以를 단계적 說로 말하였다. 그에 의하면 水火는 氣와 生을 가진다. 動物은 氣·生·知를 가진다. 사람은 氣·生·知·義를 가지며 水火, 植物, 動物의 分을 수용할 수 있다고 본다.

孟子와 荀子의 人間型을 크게 小人과 君子와 聖人으로 나눌 수 있다. 兩者의 見解가 대동소이하나 구별을 짓자면, 孟

子는 耳目之官 및 口腹을 따르는 行爲를 하는 부류를 小人으로 보고 荀子는 好利하고 本性과 感情을 따르는 者를 그렇게 일컫는다. 君子論에도 차이점이 있다. 孟子는 仁義禮智 四德의 精鍊純化를 내용으로 하고 荀子는 스승과 法度에 敎化되고 학문을 쌓아 禮를 실천함을 목적으로 한다. 孟子의 君子는 義理를 가장 존중하고 荀子의 君子는 禮를 중요시한다. 孟子는 過去 君子를 표준으로 삼고 荀子는 現在의 君子됨에 더욱 치중했다. 따라서 孟子는 天命을 기다리는 君子를 論하고 荀子는 天命을 論議하지 않고 現在의 환경과 사물을 이용할 것을 강조한다. 孟子와 荀子는 各其 天과 性과 道에 대한 관점이 달라서 聖人에 대해서도 다른 방법으로 論述된다. 孟子는 性을 善으로 보았기 때문에 善의 保持와 擴充에 의해서 聖人이 될 수 있다고 보았다. 荀子는 性을 惡으로 보았기 때문에 仁義禮法을 배워서 本性을 고쳐나감으로써 聖人이 될 수 있다고 하였다. 孟子는 말끝마다 堯舜을 들어 聖人을 우상시하나 荀子는 그가 作爲한 예법을 積之하라고 이른다. 孟子의 聖人은 天道를 실현함이 人道의 完成이라고 본다. 荀子의 聖人은 人道 즉 禮法의 실현이 지상과제로 된다.

人性의 實現과 修養에 대한 주장에서 孟子는 求放心과 寡

慾을 論하였고 養浩然之氣와 五倫과 孝悌의 實現을 重視하였다. 荀子는 心의 統制力을 전제로 하여 「大淸明」과 「聖心」을 論하였고 「爲學」과 「正名」을 내세웠다. 孟子는 性善의 實現을 道德的 具現이라고 믿었고 荀子는 禮義의 實踐을 大原則으로 삼았다.

孟子와 荀子의 실천도덕은 孔子를 계승한 것이다. 孟子는 내면적 주관적 道德主義를 강화하였다. 이에 比해 荀子는 객관적 입장에서 道德主義를 재정비하였다. 孔子와 孟子는 天의 權威를 道德의 기초로 삼았다. 荀子는 天과 人의 분리를 선언하고 독립된 인간의 존엄성은 禮에 의해서만 유지된다고 하였다. 孟子는 仁義的 道德主義를 표방하였고 荀子는 法治의 효과를 내는 禮治的 道德主義를 제시하였다. 孟子의 노력은 인간의 本性에 있는 도덕적 가능성을 토대로 하여 人格完成과 理想社會를 具現하려는 데에 있었다. 荀子는 반복적인 習의 힘에 의한 도덕적 실천을 강조함으로써 人格 完成과 道德社會를 실현하고자 노력을 경주하였다. 孟子가 人間心性에 우러나오는 情意的 측면에 근거하여 人格完成의 길을 보여 주었다면, 荀子는 知慮의 측면을 바탕으로 하여 人格修養의 길을 제시하여 주었다. 孟子는 心體 그 자체에 고유한 경향성인「性」을 인정했으나 荀子는 그러한 경향을 心體에 인정하지 않았다. 孟子의 道德社會는 道義를 指向하는「性」이 힘을 확충함으로써 구현된다. 荀子의 道德社會는 그 자신이 惡이라 규정하였던「性」과「知慮」의 合同作用과 더불어 반복적 실천을 강화해야만 실현된다.

東洋의 儒家思想은 더불어 사는 社會를 目標로 하고 있다. 더불어 사는 사회를 실현하려면 人格至上의 倫理思想을 내세우는 儒家的 道德主義가 再照明되어야 한다. 현대와 같이 격렬한 갈등의 시기에 孟子와 荀子의 倫理思想은 좋은 처방이 될 것이다. 인간의 自覺能力과 道德的 實踐能力을 밝혀준 孟子의 理想과 人間의 自然狀態에서 文化, 道德狀態로 끌어올림을 역설한 荀子의 思想은 상호보완 되는 요소가 다분하다. 兩者의 입장을 상호 보완 수용하여 中庸的 調和를 이뤄야 한다. 그것이 現代 倫理問題의 解決의 새로운 방향을 提示해 줄 수 있다.

※ 본 논문은 1992년 12월 한국교육대학교 대학원 위원회에 제출될 교육학 석사학위 논문임.

# 緖論

現代 科學의 進步는 人間을 道具化시키는 逆機能을 招來하였다. 그것은 새로운 倫理的 問題를 가져왔다. 善惡과 삶의 理想에 대한 通念이 무너지고 있다. 宗敎의 가르침이나 傳統道德 그 자체의 타당성을 믿지 않는 사람들이 늘어가고 있다. 이러한 추세 속에서 개인이나 인류가 「어떻게 살아야 하는냐?」라는 문제가 最大의 倫理的 關心事가 되고 있다.

이 問題의 解決을 위해 人間이 어떠한 存在인가 하는 것을 認識하는 것이 重要하다. 人間의 本性에 대한 認識없이 人間의 바람직한 삶이 무엇인가를 제시한다는 것은 어려운 일이다. 人間의 本性을 밝히는 일이 무엇보다도 先行되어야 한다. 人間 本性의 探究야말로 모든 倫理的 探究의 前提 條件이다.

現代의 西洋은 自然科學主義가 지배하고 있다. 西洋의 自然科學主義는 自然을 改造 征服되어야할 대상으로 본다. 技術科學的 機械文明이 自然을 破壞하고 제도 조직이 人性을 억압한다면 끝내는 파국을 초래할 것이다.

中國哲學은 人間을 中心으로 하고 있다. 中國哲學은 人間을 道德的 人格으로 昇華시켜가는 데에 귀착된다. 종국적으로는 그 人格으로 自然을 경영하여 人文世界를 創造하는 데 그 意義를 찾는다. 現代 社會의 倫理的 問題를 解決하는 데 있어서도 中國의 古代 倫理思想에 주목하는 것이 必要하다.

孟子와 荀子는 儒家思想의 兩大 山脈을 形成하여 中國思想에서는 물론 東洋思想에 있어서도 주류를 이루고 있다. 孟子와 荀子는 人性論에서 性善과 性惡을 提唱하여 中國哲學思想에 많은 논란을 주었다. 이후의 儒家는 人性論은 現代에 이르기까지 이들 두 학파의 흐름 속에서 벗어나지 못하고 있다.

『孟子』 全書를 통해 보면 '仁'의 使用處가 百五十一이다. 주로 仁政을 說明하는데 使用되었다. 『荀子』 全書를 살펴보면 일관되게 禮教思想이 나타나고 있다. 주로 禮治를 내세우고 있다. 孟子와 荀子는 孔子의 '性 相近習相遠' 思想을 계승하였지만 그 傾向이 서로 다르다. 孔子의 '性相近'은 先驗的 向德性을 말하는 것이니, 孟子의 性善說의 基礎가 되었다. '習相遠'의 習은 經驗的 學習으로 習得되는 第二의 天性을 이룬다. 習으로 因하여 善과 惡의 相反된 指向性이 생기므로 性惡說의 淵源이 되었다.

孔子의 『論語』를 보면 '仁'字가 百五個 使用되었다. 주로 '仁道'를 설파한 것이다. 孔子가 仁을 주장했지만 仁의 실천 근거를 설명하지 않은데 비하여 荀子는 性惡說을 말함으로써 이에 대한 解答을 주려고 하였다. 荀子는 仁을 실천하는데 基準이 되는 禮를 내세워 禮에 化한 것이 善이라고 보고 있다. 性惡說을 통해 禮의 習得을 강조하였다.

『孟子』書를 보면 '義'의 使用處가 六十餘個所되고 '善'의 數는 百十一處 되고 있다. 이로 보아 孟子는 孔子의 仁·義·禮·智의 思想 중에서 仁·義를 성실하게 계승하는 한편 더욱 細密히 理論化 했다고 볼 수 있다. 荀子 역시 孔子의 仁·義·禮·智 思想 중에서 禮를 儒道의 規範으로 大型化 했다고 볼 수 있다.

孟子는 道德的 善의 길로 갈 수 있는 人間의 本性에 대한 信賴를 통하여 道德的 基準으로서의 仁義 重視와 道德 成立

의 根據로서의 性善을 주장하였다. 荀子는 好利하는 人性의 本能的 要求에서 오는 物慾을 人爲的 敎育에 의해 矯正하고 惡을 善化시켜야 한다고 주장하였다. 兩者는 惡을 미워하고 善을 要求하는 點에서는 一致한다. 人間이 善의 方向으로 無限히 發展할 수 있다고 肯定하는 點에서도 一致한다. 本稿에서는 兩者의 入場을 對立시키면서도 相互間의 中庸的 綜合이 必要하다는 認識 下에 論旨를 展開하고자 한다.

이하의 제1장에서는 思想은 歷史的 産物이라는 생각으로 당시의 時代相과 兩者의 生涯를 먼저 살피고자 한다. 제2장에서는 『孟子』書와 『荀子』書를 中心으로 性論의 槪念을 파악하고자 한다. 제3장에서는 孟子와 荀子가 본 人性의 構造를 고찰하고자 한다. 제4장에서는 人性의 實現과 修養의 方法에 硏究의 力點을 두고자 한다.

學問的인 모든 硏究는 過去를 위한 硏究라기보다는 現在의 生에 나타나는 諸 問題 解決 方案과 연결되어야 한다. 筆者의 根本 意圖도 여기에 있는 만큼 現代 倫理學에 問題 解決에 孟子와 荀子의 倫理的 思想이 어떠한 意義가 있는가를 考察하면서 論文의 結論을 내리고자 한다.

# Ⅰ. 孟子와 荀子의 人性論의 形成 背景

## A. 時代的 背景

孔子가 生存했던 春秋時代는 周 王室이 아직 存在했던 時期였기에 尊王攘夷와 같은 五覇의 흔적이 남아 있었다. 舊秩序를 유지해 보려는 努力도 지속되고 있었다. 孟子의 時代에 이르러서는 周 王室은 멸망한 것이나 다름없을 정도로 弱하여졌다. 孟子는 當時의 사회를 「仁義充塞」·「臣弑其君子有之」·「子弑其父者有之」·「諸侯放恣」·「處士橫議」·「邪說誣民」·「率獸而食人」한 時代라고 하였다.[1] 荀子는 「亂國之君과 亂家之人」이 道德之人을 배척하고 「亂世」를 만나 「亂俗」을 얻는 時代라고 하였다.[2] 孟子의 時代는 中國 歷史上 未曾有의 混亂이 야기되던 戰國時代였다. 荀子의 時代도 戰國末

期의 亂世였다.

戰國時代에 關해 『荀子』書와 『孟子』書를 놓고 考察해보면, 荀子의 言及은 稀少하고 孟子의 말은 比較的 자세하다. 人倫이 험하고 무질서한 당시의 모습을 孟子 자신의 말을 引用하여 살펴보면 다음과 같다.

첫째, 民生苦가 극심했다. 孟子가 「부엌에는 살진 고기가 있으며 마굿간에는 살진 말이 있으면서도 백성들이 얼굴에 굶주린 빛이 있고 굶주려 죽은 이가 있다. 이것은 짐승을 거느리고 와서 사람을 먹게 함과 같다」[3]고 하는 정도였다. 孟子는 民本主義的 立場에서 民生問題를 뚜렷이 論하지 않을 수 없었다. 그는 滕文公에게 「어진 정치는 반드시 經界를 정하는 것으로부터 시작한다」[4]고 하여 농지 균등 분배가 先行되어야 할 것임을 주장 하였다. 荀子의 時代도 여유 없는 상황이었다. 상공업이 충분히 발달하지 못했고 농업이 제일 중요시 되던 때였다. 사회 여러 계층에서 頂点은 帝王이었다. 모든 利益은 帝王에게 歸屬되던 시대였다. 荀子는「나라를 부유하게 하는 길은 節用으로 백성을 풍족하게 하고 남은 것을 잘 저축하는 것이다. 節用은 禮를 따르고 백성을 여유 있게 하는 것은 정치로써 한다」[5]고 하면서 생산 · 절약 · 저축의 관계를 說破였다. 孟子가「만일 백성에게 恒産이 없으면 恒心도 없게 된다」[6]고 하면서 生業을 善한 일 하게 하는 것보다 重視했을 뿐만 아니라 禮義를 다스리는 것도 그 다음의 일이라고 했다. 이는 西洋哲學의 발전에 지대한 영향을 준 아리스토텔레스(Aristoteles)의 견해와 비슷하다. 아리스토텔레스는 自然의 目的的 活動이 生命的 存在에 가장 명백하게 나타난다고 보고 營養的·植物的 靈魂을 重視하였다. 아리스토텔레스는 이 영혼을 첫 번 系列에 놓고 다른 더 높은 계열의 영혼을 營養的 機能없이는 存立할 수 없다고 하였다.[7] 東洋과 西洋의 古代 哲人들이 民生問題를 重要視했다는 점에서는 一致하고 있다.

둘째, 人倫이 紊亂했다. 孟子의 증언으로는「신하로서 임금을 죽이는 자가 있으며 자식으로서 그 아버지를 죽이는 자가 있다」[8]는 것이다. 당시는 戰國時代였기 때문에 倫理綱領이 극도로 혼란한 시대였다. 孟子가 仁義의 大道에 입각한 王道政治를 주장했던 까닭은 倫理 道德을 새롭게 확립하여 사회질서를 바로 잡는 데 있었다. 같은 王道主義者인 荀子는 覇道의 肯定的 경향이 강했다. 그의 후계자들은 대부분 覇道·富國强兵主義·功利主義·法治主義들이었다.

셋째, 百家爭鳴의 時代였다. 당시는 군웅이 할거하며 서로 항쟁하던 시대였으므로 思想을 조정시킬만한 統制力이 없었다. 이런 틈바구니에서 허다한 思想家들이 諸侯들을 찾아다니며 自家說을 강력히 내세우고 집단을 형성하여 위세를 떨치던 百家爭鳴의 판국이었다. 孟子는 「聖王이 나지 아니하며 楊朱墨翟들의 말이 天下에 가득찼다」[9]고 하면서 「내가 이것 때문에 염려되어 先聖의 道를 밝혀서 楊朱와 墨翟의 說을 막고 음란한 말을 추방하여 옳지 못한 말을 하는 자가 일어나지 못하게 하려고 한다.[10]고 했다. 이처럼 百家가 무책임할 정도로 爭鳴하는 환경에서 儒學을 보존하고 異說을 물리치려는 뜻에서 孟子의 思想은 模索·構想된 것이다. 荀子는 孟子의 罪를 들춰서 「대락은 先王을 본받았으나 그 체통을 모르며 점잖고 조용하며 才質은 번다하다. 뜻이 크지만 聞見이 잡박하다. 옛일을 기초로 하여 스스로 말을 만든다. 仁義禮智信의 五行을 운운하지만 심히 괴팍하여 갈래가 없다. 뜻이 깊이 감추어져 있어 해설하지도 못하면서 언사를 수식하여 자기 학설을 무겁게 공경한다.」[11]고 주장한다.

넷째, 士風이 墮落했다. 「사람들이 富貴와 利益 榮達을 찾아다니는 것을 그 아내와 첩이 부끄러워하지 않았다.」[12]고 하면서 孟子는 아내와 첩을 한 집에 두고 있는 齊나라 사람의 寓言에서 士國의 극심한 타락을 이야기 했다. 荀子 역시 「옛날의 학자들은 오직 자기 몸을 위해 학문을 하였건만 오늘날의 학자들은 남에게 과시하기 위해 학문을 한다」[13]고 지적했다.

그 當時는 諸侯들의 侵略欲과 報復主義, 끝없는 사치와 타락, 그것에 따른 虐政으로 民生苦는 극심했다. 諸子百家는 爭鳴하여 邪說이 橫行하였다.

人倫은 紊亂하여 사회는 不正腐敗와 罪惡으로 가득차고 있었다. 그 상황은 일찍이 보지 못한 험악한 時代였음을 알 수 있다. 孟子와 荀子는 이러한 상황을 극복하기 위하여 秩序確立 내지 安定된 理想社會 건설을 추구하였다. 그들은 理想追求의 知的背景으로서 孔子의 思想을 모범으로 삼으면서 새롭게 繼承 發展시켰던 것이다.

## B. 生涯的 背景

孟子의 生卒에 대해서 여러 가지 見解가 있다. 그의 행적도 확정할 수 없다. 荀子의 生存年代도 未詳이며 다만 推定되고 있을 뿐이다.[14] 孟子와 荀子의 傳記는 『史記』에 쓰여진 기록이 가장 오래된 것인데 그 기록도 전승 과정에서 오류가 있는 듯 하여 신빙성을 의심받고 있다. 우선 兩者의 이름과 字, 生卒年代에 관해 알아보면 다음과 같다.

孟子의 이름은 軻이지만 字는 분명하지 못하다.[15] 그의 生卒年代에 대해서도 臆測이 많아 確言할 수 없으나, 後世의 고증에 의하면 周나라 烈王 4년에 태어나서 목王 26년에 세상을 떠났으니, 紀元前 372년에 태어나서 289년에 죽은 것이다.[16] 荀子에 대한 기록도 確信할 수 없는 수준이다. 『史記』에는 荀子가 50세가 되어 齊나라에 갔다는 기록이 있다.[17] 荀子의 姓은 荀이요. 이름은 況이고 字는 卿 또는 孫卿이라고 불리 운다. 기원전 336년 前後에 출생하여 238년 以後까지 살았던 것으로 推定된다.[18] 孟子보다 조금 늦게 태어났으나 戰國時代를 살았다는 점에서 兩者의 生涯가 비슷한 背景이었다.

孟子와 荀子의 少年時節은 相異하다. 小國인 鄒나라에서 출생한 孟子는 일찍이 慈母의 三遷之敎를 받았다고 한다. 斷機故事와 함께 유명한 일화를 종합해 보면 어렸을 때에 喪父했다고 볼 수 있으나 『孟子』 書에는 父喪을 당했을 때 士의 禮로 지냈다는 기록이 있다.[19] 이로 보면 어렸을 적에 아버지를 여의고 편모에게 교육을 받았다는 이야기는 의문시 된다. 後漢의 趙岐가 지은 『孟子章句題辭』에 의하면 그의 家系가 魯나라 公族인 孟孫의 후예라는 說이 있으나 부모에 대한 것은 별로 알려진 것이 없다. 荀子는 어린 시절부터 才能이 있어 「秀才」라는 칭호를 받았다. 「韓非子難三篇上」에 보면 그의 나이 21~22세 때에 北方의 燕國을 여행하고 燕王을 對面했다고 하였다. 荀子의 가족관계는 기록이 거의 없다.

孟子와 荀子가 살았던 당시 大國인 齊나라에는 稷下라는 學院이 있었다. 그곳에 居住하는 學者들은 대부분 大官의 대우를 받았다.[20] 孟子도 이러한 游士들의 한 人物이었다. 孟子는 生涯의 대부분을 梁·齊에서 교육을 하며 두 나라의 君主에게 助言을 하였다. 孟子는 그의 제자인 彭更이 묻기를 「수레 수십 승과 좇는 자 수 백인으로 제후에게 전식하는 것이 너무 사치하지 않습니까?」 하니 「그 道가 아니면 한 대그릇의 밥이라도 사람에게서 받을 수 없거니와 만일 道로 한다면 순임금이 요임금에게 天下를 받으시기를 사치하지 않게 여기시니, 자네가 무엇이 사치하다고 하는가?」라고 대답했다.[21] 爲仁義者는 마땅히 木工이나 車工 같은 기술자보다 더 높임을 받아야 한다고 생각하는 孟子의 道理에 대한 重視度와 周游 당시의 당당한 생활 모습을 상상할 수 있다.

荀子는 별로 높은 벼슬도 못하고 일생의 태반을 學問研究와 教育에 종사했다. 趙나라 사람인 荀子는 齊나라의 稷下에 가서 여러 해 동안 學問을 닦았다. 워낙 학문이 높아서 外國人이면서도 「祭酒」라는 벼슬을 했다. 요즈음의 大學의 學長에 해당된다. 荀子는 齊나라에서 모함을 받아 그 곳을 떠났다. 楚나라에 가서 그 때 楚나라의 宰相이었던 春申君의 知遇를 입어서 蘭陵地方 太守(지금의 道知事)로 있다가 春申君이 죽자 직위에서 물러나 蘭陵에서 그대로 살았다고 한다.[22]

以上 孟子와 荀子의 生涯를 略述하였다. 孟子가 죽자 公孫丑·萬章의 제자들은 짊어진 책임들을 다 이길 수가 없어서 그 道를 전승하지 못하였다.[23] 荀子의 제자는 法家思想家로 유명한 韓非子와 秦나라 宰相이었던 李斯가 代表的으로 손꼽힌다.

## C. 學問的 背景

中國哲學을 發生論的 立場에서 보면 儒·道 兩家는 모두 「古人」 즉 옛 聖人을 최초로 가장 완비한 哲人이라고 본다.[24] 孔子를 비롯하여 孟子·荀子 역시 「古聖」을 史的으로 깊이 음미하였다. 이들이 가장 존경하고 心醉하는 人物은 堯와 舜이다. 孔子는 「위대하구나 齋의 임금됨이여! 높고 높아서 하늘만이 큰 것인데, 오직 요임금은 이것을 본따셨다」[25]고 찬양하였다. 孟子도 性善에 관한 이야기를 하는데 말 끝마다 반드시 요와 순을 칭송하였다.[26] 孟子는 堯·舜의 道를 代表로 삼아 仁政을 주로 論했고 義를 강조 하였다. 荀子는 堯·舜을 흠모하면서 더 나아가 後王을 강조했다. 荀子는 「被後王者, 天下之君也」[27]라고 하면서 上古의 法을 말하는 것은 자기 임금을 버리고 남의 임금을 섬기는 것과 같다고 주장하였다.

『孟子』 書를 보면 詩經과 書經의 句節을 例文으로 들어 설명한 대목이 많다. 孟子는 詩經과 書經을 통달했다고 볼 수 있다. 荀子는 「모든 일에 禮法에 의지하지 않고 詩經이나 書經만을 따른다면 마치 손가락으로 황하를 측량하고 창으로

절구질을 하며 송곳으로 병 속의 것을 집어 먹으려는 것과 같아서, 아무 것도 얻을 수 없을 것이다.」[28]고 말하였다. 詩經과 書經이 옛 기록이지만 현실적으로 적절하지 못하다는 생각이다.

孟子는 孔子를 본받을 것을 所願하고 生民 이래로 孔子만큼 훌륭한 人物이 없다고 극찬했다. 孟子는 孔子를 役割模型으로 삼고 孔子의 思想을 계승 발전시켰다. 그 결과 孔子 버금가는「亞聖」으로 칭송받고 있다. 荀子는 이러한 孟子를 격렬히 배격한다. 荀子는「언사를 수식하여 공경하며 받들어 이것이 先君子 孔子의 말씀이라고 한다. 子思가 제창하고 孟軻가 호응하여 세속의 어리석고 정견 없는 맹목적 선비들이 떠들어대며 그 잘못을 알지 못한다. 결국 이것이 전수되면서 孔子와 子游가 이 때문에 후세에 존중 받게 되었다고 생각한다. 이것은 子思와 孟軻의 罪이다」[29]고 비난하였다. 荀子의 持論을 보면 孔子의 제자들인 子張·子游·子夏의 학문은 似而非라는 것이다. 그들의 학문은 조상의 道를 본받아 서술하여 밝힐 뿐 몸소 실천하는 학문이 아니라는 것이다. 荀子는 이와 같이 子思와 孟子를 배척함으로써 後世 儒家들로부터 外面을 당하였다.

孔子의 學에는 본래 微言·大義 양 파가 있다. 微言은 大同이라고도 한다. 大義는 小康이라고 이른다. 大義의 學은 荀子가 전하였고, 微言의 學은 孟子가 전하였다.[30] 孔子의 제자들 가운데 曾子는 子思에게 子思는 孟子에게 전해 주었다. 後漢의 趙崎가 지은 「孟子章句題辭」에 의하면 孟子가 子思에게 친히 受業을 했다고 한다. 孟子 자신의 말을 통해 보면 「孔子 以來로 지금까지 백여 년이니」,[31] 「내가 孔子의 문하인은 못되었으나 나는 사람들에게 私淑했다』[32]고 밝히고 있다. 「子思의 門人에게서 受業했다」는 『史記』의 글이 옳다고 보겠다. 『荀子』 非十二子篇에 보면 孔子와 子游는 後世에 연관이 많다고 하였다. 孟子의 學問的 背景은 어디까지나 孔子이지만 傳受 過程은 孔子의 門下人들을 通해서 이루어졌다. 『荀子』 非十二子篇에 보면 仲尼(孔子)와 仲弓이 立稱되고 있다. 『論語』에도 雍也라고 했으니 南面이란 荀子의 君權學說이 나온 곳이다.[33] 荀子의 學問的 背景도 어디까지나 孔子이다. 孔子의 제자인 仲弓으로부터 孔子의 道를 전수받았던 것이다.

孟子와 荀子는 孔子의 仁·義·禮 思想을 各其 다르게 조명하였다. 戰國時代의 現實的 人心狀態를 반영하되 孟子는

唐虞三代를 通하여 전승된 仁義의 聖人之道를 通하여 性善으로 보았다. 荀子는 弱肉强食하고 沒道德한 社會相을 보고 人性은 惡이라고 하였다. 仁義가 本質·바탕이요, 禮가 行動의 形式이라고 본다면[34] 孟子는 本質主義 요소가 강하고 荀子는 形式主義 경향이 다분하다고 볼 수 있다. 孟子의 학문태도는 「述而不作」[35] 하는 孔子를 본받았다. 荀子는 孔子의 「克己復禮」[36] 하는 태도를 본받았다. 孟子는 堯舜之道를 소중히 여겨 先王思想을 견지하므로 保守的이다. 荀子는 現實的 習을 강조하였다는 점에서 革新的이다. 孟子가 主觀主義라면 荀子는 客觀的 形式主義라고 말할 수 있다.[37] 孟子의 理論이 열정적 理想主義라면 荀子의 理論은 理性的 現實主義이다. 孟子는 道德的 天命을 重視하는 神秘主義者라면 荀子는 天人分離를 내세우는 人文主義者이다. 孟子는 個人의 自由를 소중히 여기는 民主主義的인 思想家라면 荀子는 社會的 統制를 강조하는 絶對主義的 思想家이다.

孟子와 荀子를 相反되게 比較하다 보면 無理가 따르게 된다. 피상적으로 볼 때 對立되는 것 같은 思想도 同質性이 있는 법이다. 孟子와 荀子는 다 같이 道德的 善을 追求하였다. 保守性과 革新性을 다 같이 지녔다. 孟子는 個人의 自由를 강조하였다는 점에서 革新的이나, 超道德的 價値를 소중히 여기어 宗敎에 가까웠다는 점에서는 오히려 保守的이다. 또 荀子는 社會的 統制를 강조하였다는 점에서 保守的이나 自然主義를 闡明하여, 어떠한 宗敎思想도 인정하지 않았다는 점에서는 革新的이다.[38] 孟子와 荀子는 社會와 國家의 발전을 위해서 努力했으나 그 改善策의 差異는 매우 현저하다. 孟子는 學問的 背景을 孔子의 仁·義·禮 思想에 두면서 人間 兩面性에 바람직한 價値根據인 善端이 있음을 발견하였다. 그 바탕 위에서 性善을 創出하고 社會와 國家의 理想的 發展을 도모하였다. 荀子는 孔子의 禮思想을 경험과 현실에 확대 적용하여 禮法을 만들고자 하였다.

# Ⅱ. 孟子와 荀子의 人性論 槪念

## A. 孟子와 荀子에 있어서 人性의 意味

「人性은 무엇이냐 ?」는 의문은 인류 역사상 꾸준히 提起되어 온 문제의 하나이다. 이 문제는 心理學에서 연구과제로 되어 있고 哲學에서도 思惟하지만 中國哲學에서는 觀點에 따라 여러 가지로 論議되고 있다. 中國哲學에 있어서 人性論은 孟子의 性善論과 荀子의 性惡論으로 集約할 수 있다. 孟子와 荀子의 人性論 槪念은 于先 그들이 주장한 人性의 意味를 考察하면 잘 드러날 것이다. 人性의 意味를 알아보기 위하여 「性」·「善」·「惡」의 意味를 仔細하게 살펴보면 다음과 같다.

## 1. 性의 意味

본래 중국철학에서 쓰는 「性」자의 보편적 의미는 「生」자와 통하는 것이었다. 周·秦·漢·唐을 거쳐 宋朝에 이르기까지 특별한 경우를 제외하고는 거의 그렇게 씌여져 왔던 것이다.[1]

訓詁學上 考察에 根據하면, 이른바 「性」이란 그 字形은 「心」과 「生」의 一音一義로 이루어진 形聲字이며, 또 「心」과 「生」의 意義도 含有하고 있음을 볼 수 있다. 이 性은 人間이 天으로부터 賦與받은 天生의 原則이며 人間이 人間이 되는 所以의 根本이다.[2]

『中庸』에 의하면 性이란 天이 命한 것을 말한다.[3] 원래 天의 의미는 다양하며 한마디로 말하기는 어렵지만 馮友蘭에 의하면 이때의 天은 義理를 뜻한다.[4] 말하자면 物質, 主宰, 自然 등의 뜻은 내포하지 않은 것이 이 경우의 天이다. 그러므로 命의 의미 역시 글자 그대로 命令의 뜻일 수는 없다. 先天的으로 稟賦된 사정을 가리키는 것이 命의 뜻이라 할 수 있다. 따라서 天이 命한 性이란 先天的으로 所有한 일정한(原理的) 性向이라고 풀이되어 무방할 것이다.

孔子는 性과 天命에 대한 말을 거의 하지 않았다.[5] 다만

「性相近也, 習相遠也」[6]「畏天命」[7]이라는 말 정도 밖에 찾아볼 수 없다. 孟子는 이와 다르다. 『孟子』에서 보면 告子는 性을 生이라고 말했다.[8] 즉 生의 自然性을 강조하여 性을 定義한 것이다. 이러한 告子의 견해와 달리 孟子는 「萬物이 나에게 갖추어져 있다」[9]는 생각에서 「자기의 心을 다하는 자는 그 性을 알게 되니 자기의 性을 알면 天을 알게 된다.」[10]고 하였다. 그러므로 孟子는 告子와는 달리 生보다 心에 더 중요성을 두고 말했다고 볼 수 있다. 孟子는 「君子의 性은 仁과 義와 禮와 智가 心에 뿌리박혀 있는지라」[11]「君子가 보통 사람과 다른 것은 그 마음에 보존하는 것이다」[12]고 하였다. 君子가 存之하는 것이 「心」임을 알 수 있다.

心에 관해서 許愼의 『說文解字』를 조사하면 心에 속하는 것은 息·情·性에서 熄에 이르기까지 모두 263字로 각기 일종의 心理作用 상태를 나타냄을 볼 수 있다.[13]『孟子』全篇에 걸쳐 「人心」·「存心養性」·「赤子之心」·「義心」·「本心」·「求放心」·「良心」·「恒心」·「不動心」·「不忍之心」·「惻隱之心」·「羞惡之心」·「辭讓之心」·「是非之心」 등을 말한 내용이 있다. 이것으로 보면 孟子가 말한 性은 사람의 內心에 바탕을 두고 있다는 것을 알 수 있다. 內心에 바탕을 둔 仁義禮智를 그는 性이라고 생각하였던 것이다.

荀子는 孟子와는 달리 情性만이 性이라는 것이다. 荀子는 狹義的 心을 다음과 같이 定義하였다. 「生의 所以然을 性이라고 한다. 性의 조화된 상태가 內外의 정묘한 감응을 받아 자연적으로 일어나는 작용을 역시 性이라고 한다. 性의 好惡 · 喜怒 · 哀樂을 情이라 한다. 情이 그러한 것을 心이 選擇하는 것을 慮라 하고 心이 慮한 것을 能力으로 動한 것을 僞라고 한다. 慮가 쌓이고 能力으로 習한 뒤에 완성된 것을 僞라고 한다.[14] 荀子는 心의 獨立性을 강조하였다. 그는 心을 天君으로 보았다. 「사람의 心은 가슴속에 자리 잡고 있어서 다섯 가지 感官을 다스리는데 이것을 가리켜 天君이라고 한다.[15] 「心은 形의 君이요, 神明의 主다. 命令을 내리기만 하고 命令을 받는 데는 없다. 스스로 禁止하고 스스로 使用하고 스스로 빼앗고 스스로 取하고 스스로 行하고 스스로 그친다」[16] 「心이란 道를 주재하는 것이다」[17] 그러므로 「心으로 道를 안다」[18] 心에 대한 荀子의 견해를 종합해 보면 心은 自主的으로 思慮 選擇하는 道의 주재자이다. 孟子가 말하는 惻隱之心 같은 情이 포함되지 않은 협의의 心을 말하는 것이다.

孟子는 告子가 말한「生之謂性」이나「食色性也」[19]를 부인한다.「耳目口鼻 四體에 感覺的 生欲이 있지만 아무리 충족시키려고 해도 뜻대로 안되니 그것은 人間性의 一面이 있기는 인간의 能力을 넘어선 命이기 때문에 性이 아니다」[20]고 주장한다. 여기서 말하는 命이란 人間의 능력을 초월한 不能者라는 뜻을 함축하고 있다.「仁·義·禮·智 天道는 命이지만 人性에서 나온 道德心에 근거한 것이므로 비록 얻지 못하더라도 그 실현이 가능하다고 보고 君子는 그런 것을 命이라고 하지 않는다」[21]고 하였다. 여기서의「命」이란 인간으로서 할 수 있기 때문에 반드시 해야 하는 命善의 뜻이 내포되어 있다. 天命이 介在된 人性과 人性이 介在된 天命을 구별하여 人間의 能力에 한계가 있음을 밝힌 것 같다. 孟子는 告子가 말한 食色을 人性보다 天性으로 看做한 것 같다. 그래서인지 그는「形色은 天性이다. 오직 聖人이어야 形色의 이치를 밟는다」[22]고 말하였다. 孟子는「그 心을 存하고 그 性을 養함이 天을 섬기는 바이다」[23]고 하면서 天을 섬기는 道德을 說하였다.

荀子는「오직 聖人만이 道를 알려고 하지 않는다. 왜냐하면 인간으로서 해야 할 바를 알기 때문이다」[24]고 하였다. 古

代信仰의 天이나 孔子·孟子의 天을 그대로 肯定하지 않고 독특한 天論을 폈다. 「하늘의 운행은 항상 변함이 없으니 요임금 때문에 존재하는 것도 아니요, 걸왕 때문에 없어지는 것도 아니다. 잘 다스림으로써 이에 호응하면 吉한 것이다. 혼란으로 이에 대응하면 흉한 것이다」[25]고 주장했다. 人間 以上의 上位概念으로 天을 말한 것이 아니다. 自然的 天의 意味로 규정하면서 人間의 主體性을 역설하였다고 볼 수 있다. 天이란 글자 모양이 사람이 똑바로 서 있는 形態를 상징한다. 이 天이란 말 속에는 原來 自然의 意味가 어느 정도 內包되어 있다. 許愼의 『說文解字』를 찾아보면 自然이란 「불이 타는 모양」이라고 했다. 外部의 영향 없이 스스로 타 나아가듯 모든 사물이 있는 그대로 스스로 지니고 있는 법칙에 따라 발전하여 감을 뜻한다. 天 역시 이러한 意味를 十分 벗어나는 것이 아니다.[26] 治亂 吉凶은 人事에 있는 것이지 天에 있는 것이 아니다. 日月星辰의 變怪는 人事가 아니다. 荀子가 말하는 天은 自然의 意味를 내포하는 天이다. 荀子는 「天을 원망하는 자는 지식이 없는 자」[27]라고 말한다.

孟子는 人性과 物性의 다름을 강조하였다. 告子가 말한 性이란 모든 白色을 차별 없이 취급하는 것이다. 이는 흰 것이 흰 것과 흰 눈이 흰 것과 같으며, 흰 눈의 흰 것과 흰 옥의 흰 것과 같다는 뜻이다. 告子의 이러한 견해는 犬牛의 性과 사람의 性을 구별하지 않는 것이라고 詰責하였다. 孟子는 種差를 두어 性을 구별한 것이다. 荀子는 孟子의 견해와 다르다. 荀子는 性이 本來 質朴한 것이라고 본다.[28] 朴(樸)이란 말의 사전적 의미는「성실, 단순, 가공되지 않은 사물, 완성되지 않은 물품」등이다. 이 말은 흔히「渾沌」과 관련을 갖고 사용되는데「渾沌」이란 보통「chaos」로 번역된다.「渾沌」이란 말의 意味는 이 밖에도「탁한, 혼란한, 무질서한」의 뜻도 가지고 있다.[29] 荀子가 말하는 性의 개념도 이와 다를 바 없다. 荀子는 性을 先天的인 것으로 보았다.[30] 눈 밝고 귀 밝은 그것만이 本性인 것으로 보았다.[31] 사람의 性情은 본래 한가지이나 後天的으로 많이 변한다고 말했다.[32] 사람의 本性은 나면서 곧 그 撲을 떠나고 그 素質을 떠나게 마련이다. 잃어버리는 것은 당연하다. 그렇기 때문에 本性은 惡하다는 것이다.[33] 荀子가 말한 性은 告子의 견해와 비슷하다. 가공되지 않은 先天的인 것을 性으로 본 것이다. 不可學 不可事한 상태가 性인 것이다.

일찍이『詩經』에서는「天生蒸民, 民之秉彝, 好是懿德」이

라고 하면서 「生」을 「有則으로서 向善心이 있음을 말하였다. 孟子는 위의 『詩經』 句節을 引用하면서 '이 시를 지은 자여 그 도리를 알았구나. 그러므로 일이 있으면 반드시 법칙이 있나니 백성은 성품이 떳떳한 고로 이 아름다운 덕을 좋아한다'[34] 하면서 「有則」의 立場에서 性을 이야기했다. 孟子가 말하는 性이란 타고난 일정한 소질 같은 「才」를 의미한다.[35) 孟子와 荀子의 性에 대한 관점은 근본적으로 같은 점이 있다. 兩者는 다같이 心에 대해서 신뢰를 가졌다. 仁義禮智로서의 「根於心」한 性을 孟子가 강조한데 비하여 荀子는 天君으로서의 心의 통제 기능을 역설하였다. 다만 孟子는 性을 말할 때 情과 心을 구별하지 않은 점이 있고 荀子는 情만을 性으로 보았다는 점에서 다를 뿐이다. 孟子는 好善, 求善, 爲善했기에 人性의 不善에 대한 言及을 禁物로 삼았다.[36] 荀子는 人性의 요소에서 사회적 질서를 어지럽힐 수 있는 情·欲을 염려하여 人爲와 禮를 내세웠다. 性에 대한 孟子와 荀子의 차이는 後代 性理學者들이 本然之性과 氣質之性으로 나누어 설명하고 있다.

## 2. 善의 意味

善의 起源을『周易』繫辭傳에서 찾아보면「一陰一陽之謂道, 繼之者善也, 成之者性也」라는 말이 있다. 여기서의「繼之」란 意味가 自然法則에 따라 萬物이 生成되어가는 과정으로 표현된 것이라면 善의 槪念이 內心의 道德的 法則에 따라 行爲되면서 外部 全體와 調和되는 作用이라고 定義될 수 있다.「善」은 字形上에서「言」과「羊」으로 이루어진 形聲字이며,「吉」과「美」의 象徵이요, 그 意義는「好」·「義」·「美」와「物理를 演盡한다」는 등의 뜻을 포함하고 있다.[37)]

孟子에 의하면 可欲은 善이라고 한다.[38)] 여기서 可欲이란 本性의 欲求대로 하는 것, 즉 當欲하는 바를 欲하는 것이라고 할 수 있다. 朱熹는 註釋하기를「天下의 理가 착한 것은 반드시 하고자 하며 惡한 것은 반드시 싫어하므로 樂正子의 사람됨이 하고자 하고 싫어하지 않으니 착한 사람이라고 이를 것이다」[39)]고 했다. 그러므로 可欲이란 거짓이 없는 本然의 性品 대로 追求하는 모든 行爲를 포함하고 있는 것이다. 이러한 本然의 性品대로 行爲하는 者의 例를 孟子의 말에서 찾아보면「大人은 그 어릴 때의 마음을 잊어버리지 아니하는 사람이다」[40)]고 한 것이 있다. 이 말을 端緖로 삼고 推測해 보면 어린이의 마음이란 純一하고 거짓이 없는 마음이요, 하늘로부터 부여받은 道德心을 말한 것이라고 볼 수 있다. 「可欲」의 마음도 이러한 內心일 것이다.

孟子가 말한 性善의 善은 분명한 해석이 곤란하다. 그는 人性의 善한 것을 바탕으로 修德한 人品에 대해 善·信·美·大·聖·神의 단계를 말하였다.[41] 孟子가 특별히 「可欲之謂善」을 주장한 것은 本性의 흐름대로 살고자 하는 삶의 行爲를 강조하고자 하는 데 있을 것이다.

荀子에 의하면 善이란 人爲的으로 된 것이다.[42] 무릇 天地古今에서 善이란 道理에 맞고 평화적인 것을 말한다.[43] 人性은 그대로 두면 惡인 까닭에 人爲的으로 矯正해야 한다는 의미에서 人爲를 善이라고 한 것이다. 教育을 善으로 보는 입장이다. 荀子는 善이 자기에게 있으면 견고하게 지키며 스스로 즐길 일이요, 不善이 자기에게 있으면 災害가 몸에 있는 듯이 스스로 혐오하라고 말한다. 나를 비평하여 잘못된 것을 고쳐주는 이는 나의 스승이라고 荀子는 역설한다.[44] 그는 善과 惡을 분별하는 기준 척도를 禮로 내세운다. 禮義라고 하는 것은 聖人의 僞 곧 作爲에서 생긴 것이다.[45] 사람의 本性이 惡인지라 스승이 있어야 잡혀지고 예의를 얻어야 다스려진다.[46] 이와 같이 荀子가 말하는 善은 人爲的인 行爲인 것이다.

孟子는 人性을 善으로 보았기 때문에 人性의 欲求대로 하는 行爲를 善으로 간주했다. 荀子는 人性을 惡으로 보았기 때문에 人爲的인 教育을 善이라 주장했다. 兩者는 다같이 善이 있음을 긍정하였으나 善 자체가 무엇인가 하는 이론적 물음에 관심이 적었다. 眞正한 意味의 善이란 누가 보아도 善이고 언제 보아도 善인 것을 말한다. 이런 善은 어떤 目的의 수단이 아니다. 어떤 目的의 手段으로서의 善은 다른 더 좋은 手段이 개발되거나 찾아지면 善의 意味를 상실하기 때문이다.[47] 荀子는 師法과 禮義로 善을 이루려고 한다. 人爲 그 자체가 本來的인 善이 될 수가 없다. 荀子의 말처럼 人爲的으로 된 것이 善이 될 수는 있다. 荀子는 目的으로서 善에 도달하기 위한 手段的 善을 이야기 했다고 볼 수 있다. 善 그 자체에 대한 탐구보다 善의 有益性에 더 관심을 갖고 人爲的인 師法과 禮義를 역설한 것이다. 孟子는 善에 대한 갈망이 지대했기 때문에 本性을 善이라고 보았다. 통으로 흐를 수도 있는 欲을 간과했다. 良心의 命令에 따라 하는 行爲를 善으로 본 것이다.

## 3. 惡의 意味

惡은 字形上「心」과「亞」또는「心」과「曾」으로 이루어진 形聲字이다. 그 意義는「過」라는 뜻을 포함하고 있다.[48] 이러한 解字를 통해 日常生活에서 惡으로 看做되는 것을 추측해 보면「過不及, 憎惡, 毁謗, 疾惡」等이다. 惡과 관련된 論議는 主觀에 따라 相對的으로 흐를 염려가 있다. 여기서는 孟子와 荀子의 말을 통해 그 意味를 論하기로 한다.

孟子는「惡」이 무엇인가에 대해 論하지 않았다. 그는「마음을 기르는 데에는 慾心을 적게 하는 것보다 善한 것은 없으니, 그 사람됨이 欲心이 적으면 비록 本心을 保存하지 못하는 일이 있다손 치더라도 극히 적을 것이다」[49]고 말했다. 바꾸어 말하면 欲心이 많아지면 惡해지고 本心을 보존하기가 극히 어렵다는 것이다. 惡은 過欲에서 나온다는 意味로 해석할 수 있다. 어떤 인간이든지 食色의 欲求를 끊고 보면 생명을 유지할 수 없다. 그러기 때문에 耳目之官의 欲求를 적절히 조절할 필요가 있다. 本心을 벗어나 過欲을 부리면 惡에 이끌리기 쉽다. 孟子는「仁義禮智를 내가 본시 가졌건만 천하지 않는 도다. 그러므로 求하면 얻고 버리면 失한다」[50]고 했다. 이는 思하는 心은 善이요 不思하는 心은 惡이 될 수 있음을 말한 것이다. 孟子는 설명하기를 「耳目之官은 생각하지 않고 밖의 사물에 가려진다. 밖의 사물이 보고 듣는 관능에 접촉되면 관능이 그것을 끌어당길 따름이다. 心之官은 생각이므로 생각하면 사리를 알게 되고 그렇지 않으면 알지 못한다」[51]고 하였다. 孟子의 견해로 미루어 보면 不思하고 耳目之官의 欲求대로 살면 良知良能의 本性을 잃게 되고 惡에 偏向될 수밖에 없다는 意味이다. 心의 不思는 好惡의 情으로 흘러 버린다. 性善의 代表로 내세우는 人物은 堯·舜이다. 이와 對比하여 말한 惡人은 도척이다. 孟子는 말하기를 「닭이 울면 일어나 부지런히 善을 行하는 사람은 舜의 무리요, 닭이 울면 일어나 부지런히 利로울 것을 行하는 사람은 도척의 무리이다. 舜과 도척의 구별을 알고자 한다면 다른 것은 없고 利로운 것과 善한 것의 사이인 것이다」[52]고 하였다. 好利하는 사람은 惡으로 흐를 수밖에 없음을 역설 한 것이다.

孟子는 환경의 중요성을 강조한다. 그는 말하기를 「풍년에는 젊은 사람들이 많이 착하게 되고 흉년에는 젊은 사람들이 많이 사납게 되는데, 이것은 하늘이 재질을 부여한 것이 그렇게 다른 것이 아니다. 이제 그들 마음을 빠져들게 하는 것이 그렇게 하는 것이다」[53]고 하였다. 이것은 환경의 「陷溺」으로써 설명한 것이다. 孟子는 또 말하기를 「사람에 있어서 仁과 義의 마음이 어찌 없으리오마는 그 양심을 상실함이 도끼로 날마다 벌목하는 것과 같아서 아름답지 못하다」[54]고 하였다. 良心을 상실하게 하는 因襲을 지적한 것이다. 孟子는 惡은 人爲에서 오는 것이다. 人性을 발휘하면 惡은 제거될 수 있기 때문이다. 孟子는 「善의 缺乏」으로써 惡을 설명했고 惡 그 自體는 認定하지 않았다. 善의 實現이 不充分한 것 혹은 阻碍된 것이 즉 惡이다.[55]

荀子는 「化性其僞」하는 禮義와 師法을 내세우는 대신 감각적 욕망을 性惡으로 보았다. 타고난 성질이나 감정에 맡겨버린다면 반드시 서로 싸우고 빼앗아 사회의 질서를 파괴하고 세상을 혼란에 빠지게 할 것이니, 반드시 스승의 교화와 예의의 법도가 있어야 한다는 것이다.[56] 人爲를 惡으로 보는 孟子의 立場과 다르다. 물론 孟子가 말하는 人爲와 荀子가 주장하는 人爲는 그 성격이 다르다. 어떻든지 孟子는 人性을 實現하는 것이 善이요, 荀子는 人性을 實現하는 것이 惡이라는 立場이다. 人性의 범위가 서로 다르기 때문에 惡에 대한 관점도 다를 수밖에 없다. 荀子의 말에 의하면 「惡이란 한편으로 치우쳐서 人道에서 벗어난 혼란한 상태를 말한다」[57] 荀子는「지혜가 있어도 그른 것으로 옳은 道를 걱정하는 것이 惡이다」[58]고 말한다. 人間의 本性 그 자체는 禮義를 모르기 때문에 思慮를 되풀이하여 알고자 노력한다는 뜻이다. 예의가 없어지면 人道에서 벗어나 혼란에 빠지게 되고 本性 그대로 놓아두면 반드시 惡으로 된다는 見解이다.

### B. 性善과 性惡의 論證

性善이란 語詞는 『孟子』 藤文公章句 上篇의 「道性善 言必稱堯舜」이란 구절과 告子章句 上篇에 「今日, 性善, 或日 有性善」이라는 구절에서 찾아볼 수 있다. 性善이란 완전한 語詞로 된 위 구절들의 뜻을 性과 善이 같다는 것으로 해석할 수 있으며 所以然的이고 所當然的 立場에서 말한 것이라고 할 수 있겠다. 朱熹가 「孟子의 性善과 養氣의 이론은 다 앞의 聖人이 나타내지 못한 것이다」[59]고 말했듯이 性善이란 말이 크게 유행된 동기는 孟子의 공로인 듯싶다.

語詞上의 考察에 의하면 이른바 「性善」이나 「性·善」은 天이 所與하고 人間이 所受한 仁義禮智의 性은 善한 것이라는 뜻이다. 즉 「性善」과 「性·善」은 다같이 本然之性과 當善의 二重意義를 兼한 것으로, 天으로부터의 所受되는 점에서는 「所以然」의 성격을 갖고 있고 人間이 仁義禮智의 本性에 率하여야 한다는 점에서는 「所當然」의 성격을 갖는다.

孟子가 性善을 獨創性있게 주장한 裏面에는 孔子의 영향이나 經典의 영향을 받았을 것이다. 『詩經』 大雅 蒸民篇에서 「詩日, 天生蒸民 有物有則, 民之秉彝 好是懿德」[60]을 引用한

것을 보면 「則」을 「善則」으로 理解했을 것이다. 그 理由는 『中庸』의 「誠者, 天之地道也 誠之者, 人之道也」와 비슷한 내용이 『孟子』書에도 나오기 때문이다.[61] 『中庸』 二十章, 孔子家語:哀公問政에 子日, …… 仁者人也」라고 하였는데 孟子 역시 「仁也者人也」라고 말한 내용이 『孟子』 盡心章句 上篇에 있다. 이로 보면 孟子는 특히 孔子의 仁思想에서 性善의 暗示를 받았으리라 생각된다. 孟子가 孔子를 본받을 것을 所願하고 孔子를 「生民以來 未有」의 존재로 숭앙한 것을 미루어 보아도 性善의 端緖를 孔子로부터 傳承하였다고 볼 수 있다.

또한 孟子는 孔子의 道德的 天命思想을 論理的으로 해석하여 性善을 주장했을 것이다. 人間之事 「天命이 아닌 것이 없으니, 그 바른 것을 따라서 받아야 한다. …… 그 道를 다하여 죽은 것은 正命이요, 죄를 범하여 죽은 것은 正命이 아니다」[62]고 한 대목이 바로 倫理的 天命 立場이며 人性이 善하지 않을 수 없음을 주장한 것이라고 볼 수 있겠다.

以上과 같은 背景과 裏面의 영향으로 人間의 性善을 演하고 確信했던 孟子는 「人性皆善」을 다음과 같이 證明하였다. 「사람은 대개 같은 耳目口鼻를 지녔기 때문에 感覺의 同一性

이 있는 바. 〈역아의 味〉와 〈사광의 聲〉과 〈자도의 色〉 같은 好를 가진다. 마찬가지로 사람은 모두 共通된 心性을 가졌기 때문에 理義를 다 같이 즐겨한다. 聖人이란 다만 이 理義를 다른 사람보다 먼저 깨달았을 뿐이요, 類가 다른 것이 아니다」[63]고 한다. 그는 이와 같이 感覺 및 心情의 相似性이란 사례를 통하여 모든 인간의 善意志의 所有를 類推함으로 性善의 原理를 증명하였다.

그는 또 具體的 실례를 들어 性善을 歸納的으로 증명하였다.

「사람은 누구나 남에게 차마 못하는 마음이 있다. 지금 사람이 어린 아이가 장차 우물에 빠지려고 하는 것을 별안간 보게 되면 놀라고 惻隱한 마음이 생겨 自身도 모르게 달려가서 아이를 救濟하려고 한다. 그것은 어린 아이의 부모와 교제를 하기 위한 것도 아니요, 명예를 鄕黨의 벗들에게 요구하려는 것도 아니다. 그 비난하는 소리가 미워서 그런 것도 아니다. 이로 말미암아 본다면, 측은한 마음이 없으면 사람이 아니요, 부끄러워하고 미워하는 마음이 없으면 사람이 아니다. 사양하는 마음이 없으면 사람이 아니며, 옳고 그름의 마음이 없으면 사람이 아니다. 측은히 여기는 마음은 仁의 시초요, 옳고 그르게 여기는 마음은 智의 시초이다」[64]고 하였다. 이것을 整理하여 形式化하면 다음과 같다.

모든 사람은 不忍人之心, 즉 仁心과 같은 道德實踐意志의 發動을 경험한다. 그러므로 이러한 경험 사실로써 仁性의 所其를 確知할 수 있다는 것이다. 따라서 惻隱之心과 같은 道德之心은 人間의 仁性으로서의 本性이며 道德實踐의 端緖가 될 뿐만 아니라 이러한 善端을 擴充하면 仁義禮智 道德의 實現은 가능하다는 것이다.

그러면 人間은 善端을 擴充할 수 있는가? 孟子는 「사람이 배우지 않고서도 할 수 있고 생각하지 않고도 알 수 있는 良知良能을 가지고 있으니. 孩提의 아이가 그 어버이를 사랑하는 것을 알지 못하는 것이 없다. 자라서는 그 형을 공경하는 것을 알지 못하는 것이 없다」[65]고 하였다. 그러나 良知良能만으로는 可能하지 못하므로 「博學而詳說之」[66]해야 한다. 本性을 다 헤아리고 마음을 다하여 天下之理를 깨달아 「存其心, 義其心, 所以事天也」[67]를 실천해야 하는 것이다.

孟子의 양은 仁義禮智의 本性을 말하는 것이며 先天的 純粹性으로 內在하는 人性을 말함이다. 그는 이러한 性의 善함을 증명하기 위하여 경험적 구체적 사실을 제시하고서 推論

했다고 볼 수 있다.

荀子는 性惡說을 孔子의 「克己復禮」 思想으로부터 이끌어 내었다. 「克己復禮」란 自己 私欲을 극복하고 人間의 生活規範인 禮로 돌아간다는 말이다. 孔子는 말하기를 「사욕을 극복하고, 예로 돌아가면 天下가 모두 仁으로 돌아올 것이다. 仁을 실천한다는 것이 나에게 달린 것인지 남에게 달려 있겠느냐? 예가 아니거든 보지도 듣지도 말하지도 움직이지도 말 것이다.[68]고 하였다. 荀子는 孔子의 禮思想을 시종일관 강조하며 人性의 性惡을 직접 간접 방법으로 論證한다. 荀子가 人間의 本性이 惡하다고 規定하는 根據는 다음과 같다.

「인간의 本性은 원래 惡한 것이다. 善이란 人爲的으로 된 것이다. 인간은 나면서부터 好利한다. 그대로 내버려두면 서로 싸우고 빼앗고 하여 양보란 있을 수 없을 것이다. 또 나면서부터 남을 미워하고 시기하게 마련이므로, 그대로 내버려두면 남을 해치고 상하게 할 줄만 알 뿐 仁義나 誠實性은 없을 것이다. 또 귀로 아름다운 소리를 듣고 눈으로 아름다운 것을 보려는 感覺的 欲望이 있다. 그대로 두면 무절제해서 社會規範으로 지켜야 할 禮義나 規範의 形式的 절차인 文理는 없어질 것이다. 그러므로 타고난 성질이나 감정에 맡겨

버린다면 반드시 서로 싸우고 빼앗아 사회의 질서를 파괴하고 세상을 혼란에 빠지게 할 것이다. 반드시 스승의 教化와 禮義의 法度가 있어야 한다. 그리해야 남에게 사양할 줄도 알고 사회의 질서를 지킬 줄도 알아 세상의 평화가 유지될 것이다. 이렇게 생각하면 사람의 천성은 원래 악한 것이 분명하다」[69]고 증명한다. 이 理論은 마치 홉스(Hobbes)의 自然法理論과 유사하다. 인간의 自己의 利益 · 그의 利己心을 충족시키는 것이 무엇인가 인식하려는 홉스(Hobbes)의 見解와 다를 바 없다.[70] 荀子에 의하면 人性中에는 先天的 道德性이 없다는 것이다. 「好利」·「疾惡」·「耳目의 欲」·『好聲色」같은 것만 人間의 本性이므로「爭奪」·「殘忍」·「淫亂」과 같은 현상이 나타날 수밖에 없다고 보는 것이다. 이러한 惡한 本性을 人爲 즉 禮義와 師法으로 教化, 矯正시켜야 善化된다는 의미이다.

荀子는 孟子의 「凡聖同類」라는 立場을 지지하면서 習의 重要性을 역설한다. 그에 의하면 사람은 누구나 성장하면 堯임금이나 舜임금과 같은 聖人이 될 수 있고 걸왕이나 도척 같은 惡人이 될 수도 있다. 기술자도 될 수 있고 농부나 장사꾼도 될 수 있으나 이는 全的으로 정세나 환경이나 습관 등이 누적되어 그렇게 되는 것이다.[71] 堯나 禹도 나면서부터 聖人이 아니요, 本性을 변화시켜 수양을 거듭하고 盡力한 뒤에야 德을 完成하였던 것이다. 만일 無師無法했다면 사사로운 利益밖에는 보이는 것이 없었을 것이다. 荀子는 사람이 나면서부터 小人이라 亂世를 만나 나쁜 습속을 얻으면 小人은 더욱 小人으로 된다고 말했다.[72] 이러한 荀子의 「小人說」은 前述한 孟子의 「良知良能說」과는 相反된다. 荀子는 「대체로 사람에게는 같은 것이 있다. 배고프면 먹고 싶고, 추우면 따뜻하게 입고 싶다. 고단하면 쉬고 싶으며 이익을 좋아하고 손해를 싫어함은 사람이 나면서부터 지니고 있는 것이다. 후천적으로 그렇게 되기를 기다리지 않는다. 이는 우왕이니 걸왕이나 다 같은 것이다」[73] 人間이면 누구나 가지고 있는 人之常情을 惡으로 본 荀子의 說은 性惡說이라기 보다 情惡說이라고 볼 수 있다.

荀子는 사람의 本性을 구부러진 나무나 무딘 칼로 비유하고 있다. 그러므로 그는 「구부러진 나무는 반드시 도지개를 대고 불에 쬐어 바로잡아야 곧게 된다. 무딘 칼은 반드시 숫돌에 갈아야 날카로워진다. 이처럼 사람의 본성은 惡인지라 반드시 스승이 있어야 바로 잡히고 예의를 얻어야 다스려질 것이다. 만일 스승이 없으면 편벽된 데로 기울어져 부정해질 것이다. 禮義가 없으면 난폭해져서 다스리지 못할 것이다」[74] 라고 단언한다. 사람은 본래 惡하기 때문에 禮義와 敎育을 통해 善으로 인도해야 한다는 것이다.

荀子는 孟子의 性善說을 공박했다. 孟子가 「사람의 본성은 善이지만 惡한 이유는 모두 그 본성을 잃은 까닭이다」라고 했는데 그것은 잘못된 생각이라는 것이다. 이제 사람의 본성은 나면서 곧 바로 그 소박과 그 소질을 떠나게 마련이다. 그러니 잃어버리는 것은 당연한 일이다. 그렇기 때문에 사람이 惡하게 된다는 것이다. 이른바 性이 善하다는 것은 그 소박한 것을 떠나지 않을 때를 美로 본 것이다. 그 소질을 떠나지 않을 때를 善으로 본 것이다. 소박한 것과 美의 관계와 소질과 善의 관계를, 「보는 것의 밝음이 눈을 떠나지 않고 듣는 것의 밝음이 귀를 떠나지 않는 것」처럼 본 것이 다. 눈 밝고 귀 밝은 것만이 本性인 것이다.[75] 性이 善하다는 것은 素朴한 것의 美와 같은 것이다. 또한 性이 善하다는 것은 資의 利와 같은 것이요, 눈의 밝음 같은 것이다. 귀의 들음과 같은 것이다. 인간이 태어나면서 소박과 소질을 떠나고 눈이 밝음과 귀의 밝음을 잃어버리면 맹인과 귀머거리가 되고 말듯이 孟子의 性善說은 오히려 性惡說을 대변해 주는 것과 같다는 見解이다.

荀子는 間接的인 方法으로 그의 性惡說을 주장한다. 「君主를 세우고 禮義를 밝히는 것은 性이 惡하기 때문이다. 곧은 나무는 도지개를 세우지 아니해도 곧으므로 그 性이 곧은 까닭이다. 구부러진 나무는 도지개를 세우고 불에 쬐어서 바로 잡아야만 곧으므로 그 性이 곧지 못한 까닭이다. 이에 사람의 性은 惡하기 때문에 聖王의 정치와 禮義의 敎化를 기다린 연후에야 비로소 道理에 맞고 善에 부합되는 것이다. 이로써 人性은 惡한 것이 분명하다. 人爲的인 것은 善임을 알 수 있다」[76]고 한다. 도지개를 세우고 먹줄을 치는 일은 나무가 구부러지고 곧지 못할 때이다. 만약 나무가 곧고 바른 것일 때는 필요 없게 될 것이다. 이와 비유해서 추론한다면 人間의 本性이 善하여 良知良能하다면 굳이 聖王이나 禮義가 必要 없게 될 것이다. 荀子는 人間이 착하다고 보지 않고 착할 수 있다고 보았기 때문에 누구보다도 敎育의 重要性을 역설한 것이다. 그가 내세우는 禮法은 오늘날의 헌법에 해당된다고 볼 수 있다.

以上 孟子와 荀子가 주장하는 人性論을 그들 자신들의 말

을 통해 개괄해 보았다. 이들 두 사람의 說 外에 人性이 善과 惡을 같이 지니고 있다는 說과 人性이 善한 것도 아니고 惡한 것도 아니라는 說이 있다. 그러나 人性論의 諸見解는 孟子와 荀子의 說로 歸結되고 있다.

### C. 性善說과 性惡說의 相違

예로부터 주장되어 오는 윤리학설을 크게 둘로 나눌 수 있다. 自律的 倫理學說과 他律的 倫理學說로 나눈다. 自律的 倫理學說은 善惡의 標準을 人性속에서 구하려고 하는 說이다. 他律的 倫理學說은 善惡의 標準을 人性以外의 權力에 두는 說이다. 이러한 기준으로 보면 孟子의 性善說은 自律的 倫理學說에 가깝고 荀子의 性惡說은 他律的 倫理學 즉 權力說에 속한다. 孟子에 있어서는 性善이라는 것이 근본이므로 「良知良能」이란 先天的인 것인 동시에 善을 내포한다고 볼 수 있다. 이러한 見地에서 보면 孟子의 性善說은 善惡의 標準을 人性 속에서 求하려고 하는 自律的 倫理學說에 가깝다. 荀子는 「스승의 익히는 바를 모방하고 君子의 말씀을 깊이 새겨 본받는다면 세상일에 두루 통할 것이다. 그러므로 학문을 하는 데는 어진 이를 가까이 하는 것보다 더 편리한 방법이 없다」고 하였다」[77] 또 「先王들의 가르침을 바탕으로 하여 仁義의 근본을 깨우치려고 한다면 禮야말로 사방으로 통할 수 있는 길이 될 것이다.」[78]고 주장하였다. 道德的 판단의 근본은 모두 師父의 교훈, 법률, 제도, 습관 등에 의해 양성된 것이라면 良心의 명령 대신에 外界의 權威로 이루어진 것이다. 荀子가 先王의 道에 따르는 것이 善이라 하는 것도 일종의 권력설이다.[79] 道德成立의 근거를 孟子는 性善으로 보기 때문에 교육을 쉽게 해줄 수 있고 인간 사회를 낙관적으로 전망할 수 있다. 孟子는 向善性을 지닌 인간의 善한 사회적 충동성을 인정한 셈이다. 荀子는 師法과 禮義之道에 의해서만 인간이 善해질 수 있다고 보는 입장이다. 孟子는 만물이 나에게 갖추어져 있다는 사상을 피력했다. 仁義禮智가 마음속에 뿌리박혀 있다고 주장했다. 사람이 배우지 않고도 할 수 있고 생각하지도 않고 알 수 있는 良知良能을 通하여 性善을 주장하였다. 孟子는 자기의 心을 다하면 자기의 性을 알게 되고 하늘의 이치를 알게 된다고 했다. 이 모두 善惡의 標準을 人性속에서 求하려고 하는 自律的 倫理觀이다.

性에 대한 指稱 범위가 두 사람 各己 다르다. 荀子는 그의 性惡說을 論하면서 人間이 性·情·欲에 순응하면 惡이 된다고 주장했다. 사람은 나면서부터 好利·疾惡·耳目의 欲·好聲色함이 있는데 여기에 順하면 爭奪·殘賊·淫亂이 생긴다고 했다. 荀子는 이러한 性·情·欲을 心이 주재하고 선택해야 한다고 하였다. 心이 선택하는 것을 慮라 하고 慮를 쌓을 것을 주장했다. 荀子가 말하는 양은 思慮하는 心이 아니다. 敎化를 받지 않은 原始欲望이다. 心惡이 아닌 情惡를 주장한 셈이다. 그렇다고 荀子는 情性을 경원시 한 것은 아니다. 그는 「禮가 사람의 情을 養하고 欲을 養하는 것이다.」[80]고 말했다. 사람이 情을 도외시하고 生存할 수 없으므로 조화롭게 充足시킬 것을 주장했던 것이다. 荀子와 달리 孟子는 「情인즉 善할 수 있다」[81]고 본다. 孟子는 그의 性善說을 주장하면서 情과 心을 구분하지 않았다. 「惻隱之心은 仁의 端이다」[82] 고 말하였다. 그가 말한 四端之心 가운데 惻隱之心 · 羞惡之心 · 辭讓之心은 情이 포함된 心이다. 동정심같은 感情을 心과 合하여 性으로 본 것이다. 孟子는 계속해서 「耳目口鼻는 思하지 못하고 心은 思한다. 思하면 得하고 不思하면 不得한다. 이것은 天이 우리에게 준 것이다」[83]고 하면서 思慮하는 心만이 善하다고 주장한다. 情善과 心善을 주장한 셈이다. 荀子가 情惡, 心善의 立場에 선 것과 대조적이다.

孟子와 荀子는 다 같이 心에 대한 能力을 신뢰하였다. 孟子는 「자기의 心을 다하는 者는 그 性을 알게 된다. 자기의 性을 알면 天을 알게 된다」 고[84] 주장하면서 心과 性의 天의 一致를 說破하였다. 孟子는 誠을 생각할 줄 아는 心의 能力

이 天道에 이를 수 있음을 말했다. 「誠은 하늘의 道요, 誠을 생각함은 사람의 道다」[85]라고 하였다. 이것은 『中庸』의 「誠者, 天之道也. 誠之者, 人之道也」라는 내용과 같은 것이다. 『孟子』 全篇에 나오는 「四端之心」·「養心」·「本心」·「求放心」·「恒心」·「人心」·「良心」·「不動心」·「赤子之心」·「存心養性」 등의 心은 人間의 內心에 자리잡고 있는 性善이다. 孟子는 이와 같이 心을 높이 평가하고 중요시했다. 荀子 역시 心의 能力을 높이 평가하고 있다. 荀子는 「사람이 어떻게 道를 아는가? 心으로 道를 안다」[86] 「마음이란 道를 주재하는 것이다」[87] 「心은 形의 君이요, 神明의 主다. 명령을 내리기만 하고 명령을 받는 데는 없다. 스스로 금지하고 스스로 사용하고 스스로 빼앗고 스스로 取하고 스스로 行하고 스스로 그친다」[88] 이처럼 荀子는 身의 독립성을 인정하고 心의 能力이 道에 이를 수 있음을 주장하였다. 孟子와 荀子가 性善說과 性惡說로 對立되어 보이나 心善說의 立場에서는 相互 一致되고 있는 것이다.

생물학적 유전설이나 현대 심리학에서는 인간의 善性과 惡性이 유전되고 있음을 증명하고 있다. 個人의 行動은 遺傳과 環境의 函數關係로 설명되고 있다. 孔子도 「上知와 下愚

는 옮길 수 없다」[89]고 말하였다. 이러한 見地에서 보면 孟子의 性善說이나 荀子의 性惡說은 綜合 절충되어야 할 것이다. 上知와 下愚처럼 人間은 양극단으로 유전되는 사례를 찾아볼 수 있다. 先天的 氣質이 박약아로 태어난 아이는 人爲인 敎育을 통해서 간단히 고쳐지지 않는다. 孟子의 說처럼 人間은 善으로 向하는 경향이 있는가 하면 反面에 荀子의 주장처럼 惡한 충동성도 있다. 孟子의 性善 立場은 人間의 本質을 「살아있는 合理的 존재자」[90]로 보는 윌슨(Johon Wilson)의 견해와 一致되는 점이 많다. 인간의 개념을 道德의 原理로 주장하고 「타인에 대한 관심을 강조한 윌슨의 견해는 孟子의 性善論的 人間觀과 일맥상통한다. 사람의 本性은 惡하다고 보는 荀子의 說은 타락과 원죄를 말하는 아우구스티누스(Augustinus)의 敎義와 비슷한 立場이다. 아우구스티누스에 의하면 人間의 本性은 二重的이다. 身體에는 탐욕적, 物欲的 行動에서 形成된 無秩序한 利己的 사람이 있고, 精神에는 眞正한 平和와 精神的 救濟를 希望 하는 데서 形成된 神에 대한 사랑이 있다.[91] 好利 貪欲하는 人性을 人間의 本性으로 본 荀子의 견해와 一致하는 점이 多分하다. 荀子는 「무릇 고금에서 善이란 道理에 맞고 平和的인 것이다」고 말하였다.

이러한 荀子의 希望은 禮의 實現에 대한 愛着으로 나타나며 아우구스티누스에 있어서는 神에 대한 愛로 나타난다.

以上 孟子와 荀子의 性善上의 相違를 찾아보았다. 兩者가 서로 다르게 주장한 性說은 인간의 善化를 目的으로 하고 있다는 점에는 共通點이 있다. 모든 사람들이 堯와 舜같은 聖人이 될 수 있다는 점에서 큰 差異가 없다. 方法面에서 孟子는 性善의 擴充을 강조했고 荀子는 人爲的 學習과 禮를 강조했던 것이다.

# Ⅲ. 孟子와 荀子가 본 人性의 構造

## A. 孟子의 人性 構造

孟子는 道德的 欲求만을 人性으로 보았다. 그래서 그는 本能을 心의 支配下에 둘 것을 요구한다. 感覺的인 耳目之官을 人性의 개념에 포함시키지 않는다. 그는 人性과 物性을 구별하고 君子와 庶民의 다른 점을 이야기 했다. 人間에게 先天的 能力과 叡智가 있음을 주장하고 良心의 內心에 잠재해 있음을 밝혔다. 그 구체적 考察은 다음과 같다.

### 1. 人性과 物性

告子가 「生之謂性」이라고 性을 定義했을 때 孟子는 「生之謂性」이라고 하는 것이 흰 것을 희다 하는 것과 같으냐고 물었다. 告子가 그렇다고 하니, 이어서 흰 것의 흰 것과 흰 눈의 흰 것과 같으며, 흰 눈의 흰 것은 흰 옥 의 흰 것과 같으냐고 물었다. 告子가 역시 그렇다고 대답하자, 그렇다면 개의 性은 소의 性과 같으며 소의 性은 人間의 性과 같으냐고 힐책하였다.[1)]

이상의 辯論을 통해서 보면, 孟子가 人性과 物性의 다름을 주장하여 人性을 重視했음을 알 수 있고 道德的 人間觀을 지녔음을 엿볼 수 있다. 孟子는 人性에 대해 뚜렷한 規定을 했다. 입이 좋은 맛을, 눈이 좋은 빛을, 귀가 좋은 소리를, 코가 좋은 냄새를, 四肢가 편안하기를 바라기는 사람의 本能이기는 하나 여기에는 마음대로 안 되는 命이 있으므로 君子는 이런 것을 性이라고 하지 않는다고 하였다.[2)] 이 말은 사람에게 있는 耳目口鼻의 欲求는 아무리 충족시키려고 해도 사람의 能力으로 안 되는 不能者와 같으므로 性이라 하지 않고 君子는 이것을 追求하지 않는다는 意味이다. 感覺的 欲求를 人性에서 제외시킨 孟子의 見解를 알 수 있다.

이어서 孟子는 인간의 道德性을 人性의 범위 안에 두고 있다. 仁이 父子間에 베풀어지고, 義가 君臣間 유지된다. 禮가 寶主間에 지켜지고 智가 賢者에게 밝혀진다. 聖人이 天道를 행하는 것은 天命이기는 하나, 거기에는 人間의 本性이 있으므로 君子는 그런 것을 天命이라고 하지 않는다.[3] 사람이면 누구나 다 道德을 요구하지만, 이것은 要請대로 實現되지 않는 命이다. 그렇다고 仁義禮智 天道의 具現을 命에게만 맡겨 둘 수는 없는 것이다. 왜냐하면 여기에는 本性이 깃들어 있기 때문이다. 그러므로 君子는 이의 實現을 위해 무한히 노력한다는 것이다.

따라서 「食色性也」라고 하여 感覺的 生欲의 自然性을 性이라고 본 告子의 생각과 다르다. 孟子는 道德的 人性論의 立場에서 人獸 區別을 주장하였다. 다시 말해 孟子는 食色之性이 人獸 共通이기는 하나 개 소 따위는 食色之性으로 만족할 뿐이다. 짐승은 感覺的 欲求를 극복하여 道德을 추구해 나아갈 才質이 없고 사람에게만 道德을 추구할 수 있는 先天的 才質이 있으므로 그러한 道德追求의 能力을 性으로 삼아야 한다는 것이다.

荀子는 告子가 性이라고 말한 「食色」을 동조하여 人性으로 본다. 耳目之官의 欲을 人性으로 보았다. 荀子는 孟子와는 달리 物性과 人性을 구별하지 아니했다. 荀子는 말하기를 「무릇 人性을 알면 그것으로 미루어 事物의 이치를 알 것이다. 그러나 비록 人性을 알고 이것으로써 사물의 이치를 알았다해도 귀착점을 모르면 늙어 죽도록 애써도 널리 通하지는 못할 것이다」[4]라고 하였다. 여기서의 귀착점은 지극히 원만한 聖王의 道理를 가리킨다. 荀子는 人性을 알면 物性을 안다는 立場에 선다. 荀子가 더욱 重視하고 있는 것은 聖王의 道理인 禮이다. 聖王의 道理로써 人道를 다스리는데 더 관심을 쏟았다.

孟子는 人性과 物性에 비유하여 君子와 庶民을 論했다. 孟子가 말하는 君子는 人格上의 구별로서 君子는 仁과 禮에 따라 行하는 사람이다. 禮가 없는 사람은 物性만을 추구하는 禽獸같은 사람이다. 孟子는 「사람이 금수와 다른 점은 극히 적으니 庶民은 버리고 君子는 가지고 있기 때문이다」[5]라고 말하였다. 여기서 庶民이 버린다(去之)는 것은 人倫을 破棄한다는 말이다. 가진다(存之)는 것은 仁과 禮를 마음에 둔다는 것을 의미한다.

孟子는 大禮에 따르면 大人이 되고 小禮에 따르면 小人이 된다고 하였다. 다 같은 사람인데 어떤 사람은 大禮를 따르고 어떤 사람은 小禮를 따르는 것은 무슨 까닭이냐고 公都者 물어보니 孟子는 대답하기를 「耳目之官은 생각하지 않고 밖의 사물에 가려진다. 밖의 사물이 보고 듣는 관능에 접촉되면 관능이 그것을 끌어당길 따름이다. 心之官은 생각이므로 생각하면 사리를 알게 되고 그렇지 않으면 알지 못하나니, 이것이 하늘이 나에게 준 것이다. 먼저 큰 것에 서면 그 작은 것을 빼앗을 수 없으나 이것이 大人이 되는 길이다」[6]고 설명하였다.

孟子가 말하는 大人과 小人은 心理的 本性을 파악하여 말한 東洋的 人間觀이다. 大體는 精神的 思惟器官이므로 道德的인 것을 本性으로 하는 것이다. 小體는 感覺的 感性器官이므로 非道德的 物欲의 영향을 받는 것이라고 할 수 있다. 荀子는 感性器官을 本性으로 본다. 이 本性대로 따라 行하면 禮義에 어긋나고 惡에 흐르게 된다고 본다. 孟子나 荀子 모두 感性器官을 物欲에 빠져 小人이 되게끔 만드는 惡性으로 보았다. 孟子는 이 感性器官을 心之官으로 다스릴 것을 주장하였다. 荀子는 禮法으로 교정하고 훈련하기를 주장했다. 方法上의 差異라고 말할 수 있다.

孟子가 말하는 物性이란 耳目之官의 欲과 같은 것이다. 인간이 禽獸와 다른 所以는 心之官으로 이러한 小體를 包含하고 支配, 統攝하기 때문이다. 大體인 心之官을 기르면 「食

色」은 人性으로부터 除外되지 않을 뿐더러 敎化되지 않을 수 없게 된다. 孟子의 이른바 「大丈夫」도 大體論과 관련된 것이요, 「先立乎其大者」라는 삶의 태도야말로 한계에 도전하는 동양인의 사유체계를 잘 나타내 주고 있다. 작은데서 큰 것에로 나아가 작은 것의 한계를 인정하는 태도가 아니라 큰 것에 먼저 섬으로써 모든 작은 것의 한계를 극복하자는 매우 우주적이며 광대한 사상이다.[7] 孟子가 大體小體論을 주장한 것은 心으로 生欲을 배척하고자 한 것이 아니요, 이를 포함하고 더 나아가 인간의 內心에 있는 精神機能을 높이고자 한 것이라고 볼 수 있다.

孟子는 「사람이 배우지 않고 할 수 있는 것이 良能이고 생각하지 않고 아는 것이 良知이다. 어린아이가 그 어버이를 사랑하는 것을 알지 못하는 것이 없으며, 자라서는 그 형을 공경하는 것을 알지 못하는 것이 없다」[8]고 말하였다. 이러한 良知良能이 있기 때문에 인간은 「仁義禮智」의 存在를 인식할 수 있고 그것에 따라 行動할 수 있는 것이다. 다시 말해 良知良能은 인간에게 內在한 仁義의 道德意志를 발동시키므로 이에 대한 자각과 실천을 통하여 仁義禮智를 완전히 發展시키면 누구나 聖人이 될 수 있다는 것이다.

孟子는「牛山之木」의 비유를 들어 비록 사람에 있어 어찌 仁義의 마음이 없으리오마는 그 良心을 상실함이 도끼로 날마다 벌목하는 것과 같으니 어찌 아름답겠느냐고 말하였다.[9] 사람의 本性에는 仁義의 마음이 있는데 이러한 仁義의 마음을 사람들은 자주 버리게 된다는 것이다. 良知良能인 先天的 叡智와 能力을 바탕으로 良心을 되찾고「存其心 養其性」하여 性善을 實現할 것을 주장한 것이다. 孟子의 良知良能說은 인간의 自覺能力과 實踐能力이 內在해 있음을 역설한 것이다.

## 2. 人性과 四德

孟子가 말한 人性에는「仁義禮智」四個의 善端이 있으니, 사람이 四端을 가지고 있는 것은 몸에 四體가 있는 것과 같은 것이다.[10] 그가 말하는 四端은 다음과 같다.「仁의 실상은 어버이를 섬기는 것이요, 義의 실상은 형을 따르는 것이다. 禮의 실상은 이 두 가지를 節文함이다. 樂의 실상은 이 두 가지를 즐겨함이다. 즐겨하면 날 것이요, 나면 어찌 그치리오? 어찌 그치리오 하면 발이 뛰며 손이 춤추는 것을 알지 못할 것이다」[11]고 하였다.

孟子의 이러한 仁義禮智 思想은 孔子의 思想을 계승하고 체계화, 일반화, 사회화시킨 것이다. 仁義禮智는 같은 次元에 있는 것이 아니다. 그러면 仁과 義는 어떤 관계인가? 「仁以愛人」으로써 仁은 自我를 초월하여 自己擴大, 自己伸張을 의미하는 生命의 要求이다. 義는 「義以大我」[12]로 客體와 主體의 대립에서 主體를 긍정하는 정신으로, 객체는 주체의 자기 확대와 신장을 제한하게 된다. 진정한 仁은 義를 포섭해야 하고 義는 仁없이 成立할 수 없는 不可分의 관계이다. 그리고 이러한 仁과 義의 이해하는 것 이 智이고 이를 알맞게 일상생활에 구현시킬 때 알맞게 調節 文飾하는 것이 禮이다. 그러므로 仁 · 義는 주체적 내용의 面이고 禮와 智는 作用의 面이다. 바꿔 말하면 「仁」 · 「義」는 本(體)이고 「禮」 · 「智」는 用인 것이다.[13] 이렇게 各已 다른 次元의 四德을 순서대로 考察해 보기로 한다.

첫째로, 惻隱之心과 仁에 대해서 알아보면 다음과 같다. 孟子는 여러 번 惻隱之心이란 말을 引用하여 人性의 善端을 말하였다. 지금 어린 아이가 물에 빠지려는 것을 갑자기 보았을 때 놀라고 측은한 마음이 생겨서 달려가 붙잡는다.[14] 이와 같은 不忍人之心은 人間의 本性이 發現된 것으로서 仁

의 善端인 것이다.

그러면 仁의 구체적 내용은 무엇인가? 孟子에 의하면 仁은 사람이니 합하여 말하면 道이다.[15] 仁이란 사람을 사람 되게 하는 道理이기 때문에 「人心也」[16]라고 한다. 사람이 차마 하지 못하는 것이 있으니, 그 차마 하지 못하는 마음씨가 仁이다.[17] 이러한 惻隱 · 不忍之心은 人心이다. 仁한 사람은 남을 사랑한다.[18] 仁의 시작은 나로부터 나온다. 어버이를 친하게 여기는 것은 仁의 마음이다.[19] 仁하면서 어버이를 버리는 사람이 없다.[20] 仁의 실질은 어버이를 섬기는 바로 이것이다.[21]

孟子는 天爵과 人爵을 이야기했다. 「天爵이란 仁義忠信의 善을 즐겨서 게을리 하지 않는 것」[22]이라고 하였다. 「仁은 하늘이 준 天爵이요, 사람이 거처하는 安宅이다」[23]고 하였다.

「仁이란 것은 활 쏘는 것과 같다. 활을 쏘는 자는 몸을 바로 한 뒤에 쏘아서, 쏜 것이 맞지 않더라도 자기를 이긴 자를 원망하지 않는다. 도리어 자기 자신에게 구할 뿐이다」[24] 仁義의 道德으로 內心을 충족케하면 生理的 欲求 및 物欲이 해소된다고 주장한 것도 外在的 요소보다 先天的 四端을 擴充할 것을 말하는 것이다.[25] 孟子는 「富를 위하면 仁하지 못하다. 仁하면 富하지 못하다」[26]고 하였다. 仁의 힘은 「仁者 無敵」[27]이라는 말에서 잘 드러났으니, 仁이 不仁을 이기는 것은 마치 물이 불을 이기는 것과 같은 것이다.[28] 따라서 仁은 四德의 으뜸이요, 至善이 이뤄지는 것이다. 仁이 道德的 人格을 完成하는데 가장 기준이 되는 善德인 것이다. 仁은 孟子가 제일 강조한 德目이다.

둘째로, 羞惡之心과 義를 알아보면 다음과 같다. 「事必歸正」이란 말이 있듯이 人間은 원래 正直하게 태어났기 때문에 不正·不義를 보면 憎惡之心과 羞惡之心이 일어나며 이를 바로 잡아 正」으로 歸依하려고 한다. 이와 같은 羞惡之心은 思慮하거나 배워서 오는 것이 아니다.

한 그릇의 밥과 한 그릇의 국을 먹으면 살고, 얻지 못하면 죽더라도 꾸짖으며 주면 길을 가는 사람도 받지 않는다. 발로 밀어서 주면 걸인도 깨끗하게 여기지 않는다.[29]

이는 비록 먹는 것이 급하더라도 禮가 없이 주면 차라리 죽을지언정 먹지 아니한다. 이것은 부끄러워하고 미워하는 근본 마음으로서 사람이면 누구나 가지고 있다는 말이다. 그러므로 羞惡之心은 自性에 근본 한 純善이요. 義之端이 된다.

孟子는 義에 대하여 內在說을 주장하면서 여러 가지로 언급하였다. 그에 의하면 義란 사람의 길이다.[30] 行함에 있어 표준이 義이며 사람들 사이에 있어서 바른 길로 행하면 議가 되지 않음이 없다. 일을 行함에 있어서 마땅한 것이 義라고 볼 수 있다.

사람의 行爲에는 그 法則이 있다. 大人은 말로써 믿음을 기약하지 않고 행위로써 그 결과를 기약하지 않는다. 오직 義가 있는 곳으로 한다.[31] 良心대로 떳떳하게 살기 위해 삶을 버리고 義를 취한다. 그래서 孟子는 말하기를,

> 사는 것도 내가 바라는 것이며 義도 내가 바라는 것이지만, 두 가지를 兼하지 못한다면 삶을 버리고 義를 취할 것이다.[32]

고 하였다. 義를 저버리고 구차하게 사는 삶을 사는 것보다 義로운 삶을 선택하겠다는 孟子의 義理觀을 잘 드러낸 말이다. 이러한 義理는 후세에 막대한 영향을 끼쳐준다. 氣質의 편벽됨과 物欲의 가리움을 벗어나 良心에 따라 義로운 本性을 추구하라는 뜻이다. 孟子는 「자기의 所有가 아닌데도 取

하는 것은 義가 아니다」[33]고 강조한다. 大人은 항상 「居仁由義」[34]를 갖추고 義가 아닌 것은 行하지 아니한다.

義는 인간관계에서 敬을 위주로 한다. 義의 실상은 兄을 따르는 것이다.[35] 仁의 실상이 어버이를 섬기는 것이라고 했는데 이러한 仁을 더 넓혀가는 것이 義이다. 義는 나이가 많은 이를 공경하는 것이다.[36] 義는 君臣間에게도 유지된다.[37] 이와 같이 義를 推及해가면 끝이 없다. 義는 人性의 義之端에서 발로되는 善德이요 四德의 하나이다.

셋째로, 辭讓之心과 禮를 알아보면 다음과 같다. 辭讓之心은 人性에서 자연스럽게 우러나오는 恭敬之心이다. 辭讓하고 恭敬하는 모습은 밖에 나타나고 그 마음은 內在한다. 辭讓·恭敬之心은 先天的으로 人性에 內在하기 때문에 이것은 禮之端이라고 한다.

禮가 있는 사람은 사람을 공경하고 공경하는 자는 사람들이 항상 공경하게 된다.[38] 사랑하고 공경하지 않으면 짐승으로 사귀는 것이다.[39] 孟子는 당시의 제후들이 어진이를 대접함이 幣帛을 받들기 전에 있는 것이요, 恭敬하나 실상이 없으면 君子는 헛되이 머무르지 않는다」[40]고 하였다.

孟子는 兼愛·恭敬之心이 人性 중에 本有함을 다음과 같이 설명하였다. 「어린 아이가 그 어버이를 사랑하는 것을 알지 못하는 것이 없다. 자라서는 그 형을 공경하는 것을 알지 못하는 것이 없다」[41]고 말하였다. 여기서 孟子가 愛와 敬을 함께 사용함을 알 수 있다. 孟子는 食色보다 禮가 중요함을 다음과 같이 비유하였다.

> 형의 팔을 비틀고 먹을 것을 뺏으면 얻고 비틀지 아니하면 먹을 것을 얻지 못한다고 하면 비틀겠느냐?[42]

이와 같이 못하는 것은 恭敬·辭讓之心의 善端이 있기 때문이다. 荀子는 말하기를 「사람이 배고프면 배불리 먹고 살고, 추우면 따뜻하게 입고 싶으며, 고단하면 쉬고 싶은 本性이 있다. 그런데도 먼저 먹지 못하는 것은 어른에게 양보해야 하기 때문이다. 무릇 자식이 아비에게 사양하고 아우가 형에게 사양하며, 또 자식이 아비 대신 일하고 아우가 형 대신 일하는 것은 본성에 위배되는 것이다. 그러나 효자의 도리는 禮義의 規範이다」[43]라고 하였다. 孟子의 말과 비교하면 큰 差異가 있음을 볼 수 있다. 孟子는 禮를 良知良能의 本性이라고 보았는데 比해 荀子는 하나의 規範으로 본 것 이다. 荀子는 仁·義도 本性이 아니라고 본다.

孟子는 仁이 安宅과 같고 義는 路와 같다고 하였다. 사람이 安宅에 거하려면 門으로 들어간다. 禮란 門과 같다.[44] 節文함이 그 實相이다.[45] 實踐規範으로서 行動目標인 禮의 준수는 매우 중요하다. 禮義가 없으면 上下가 어지럽기 때문이다.[46] 禮는 本然之性에 있는 四端이 發現된 四端의 하나이다. 禮는 생활의 規範과 儀則이 되는 節文이다.

넷째로, 是非之心과 智에 대하여 考察하면 다음과 같다. 是非之心은 人間의 內心에 있는 道德性으로서, 이것에 의해 잘잘못을 辨別한다. 모든 善惡 · 是非 · 黑白 等은 是非之本性인 智로써 한다. 그래서 지혜는 賢者에게서 밝혀진다.[47] 지혜로운 자는 모르는 것이 없으나 마땅히 힘쓸 것을 급하게 여긴다.[48]

智란 판단능력이고 人性에 根本한 것이기 때문에 「是非之心 智也」[49]라고 孟子는 말하였다. 그는 大智에 대하여 말하기를 「지혜로움을 미워하는 것은 지혜로 穿鑿하기 때문이다. 禹임금이 물을 다스린 것은 그 無事한 것으로 行하신 것이니, 만일 지혜로운 자가 그 無事한 것으로 行하면 지혜가 역시 큰 것이다」[50]고 하였다. 荀子에 의하면 「是是非非를 일컬어 智라고 한다」[51] 孟子의 견해와 동일하나 本性으로 보지는 않는다. 人倫을 重視한 孟子는 智의 실상이 仁과 義의 實인 어버이를 섬김과 형의 공경함을 알아서 버리지 않는 것이라고 하였다.[52)]

이상 孟子가 論한 四端之心과 仁義禮智에 대하여 考察하였다. 性善의 根本인 四端은 道德實踐의 可能 根據로서 이를 擴充하면 仁·義·禮·智의 善德을 이루게 되는 것이다. 荀子도 仁·義·禮·智를 善德으로 보았지만 이 중에서 禮야말로 사방으로 통할 수 있는 길로 보았다. 荀子의 말에 의하면 「先王의 가르침으로 仁義의 근본을 깨우치려 한다면 禮야말로 사방으로 통할 수 있는 길이 될 것이다」[53)]고 하였다. 荀子는 情惡 心善의 입장에 서 있기 때문에 孟子가 말한 四德을 四端之心의 發露라고 보지 않는다. 心의 영역에서만 論하고 있다. 荀子는 「어진 것을 귀하게 여기는 것이 仁이요, 불초한 것을 천하게 여기는 것도 역시 仁이다」[54)]고 말한다. 仁者에 대해서 荀子는 말하기를, 「仁者는 충성과 믿음을 본질로 한다. 단정과 성실을 기강으로 하고 예의를 치장으로 한다. 모든 윤리적 행위가 조리 있는 말 한마디 일거일동이 한결같이 법칙이 되는 것이다」[55)]고 하였다. 孟子가 仁을 하늘이 내린 天爵이라고 주장한 것과 대조적이다. 荀子는 先天性을 언급하지 않는다. 義에 대한 생각도 마찬가지이다. 荀子는 「法은 義로부터 생기고 義는 일반 대중으로부터 생긴다」[56]고 하였다. 인간의 타고난 情緒인 羞惡之心이 義之端이 된다고 보는 孟子의 立場과 다르다. 荀子는 공경하는 것이 禮라고 하였다.[57] 禮란 몸을 바르게 해주는 것이라고 보았다.[58] 荀子는 특히 禮를 터득하기를 力說하였다. 仁義禮智 四德 中에서 제일 강조하였다. 荀子는 知者는 道理를 말할 뿐이니, 小家들의 기괴한 인설은 그 앞에 사라진다고 주장했다.[59] 「仁義禮智信의 五行을 운운하지만 심히 괴팍하여 갈래가 없고, 뜻이 깊이 감추어져 있어 解說하지도 못하면서 언사를 수식하여 자기 학설을 스스로 무겁게 공경한다」[60]고 孟子를 공격한 荀子의 思想은 과연 논리정연 한 것인지 다음에 考察해 보기로 한다.

## B. 荀子의 人性 構造

荀子는 人性을 性·情·欲으로 구분하여 論하였다. 人間의 人間다운 所以를 氣·生·知·義라는 段階的 說로 설명하였다. 그 具體的인 考察은 다음과 같다.

### 1. 性·情·欲

荀子의 性·情·欲에 대한 人性論은 戰國末의 사회적 혼란을 구제하기 위한 측면에서 제시된 치밀한 理論이다. 性·情에 대한 分明한 개념 定義는 孔子와 孟子보다 더 세밀하다. 荀子는 性에 대해 다음과 같이 말하였다.

> 性이란 先天的인 것이다. 情이란 性의 本質이다. 欲이란 情의 반응인 것이다.[61)]

荀子는 性·情·欲을 계열화시키고 있다. 인간을 움직이는 原動力으로 보았다. 性·情·欲 가운데서 巨視的인 것은 欲이다. 이 欲의 살핌에 의하여 性을 알 수 있다. 荀子에 의하면 「나면서 그러한 것을 性이라고 한다. 性의 조화된 상태가

內外의 精妙한 감응을 받아 자연적으로 일어나는 작용 역시 性이라고 부른다」[62] 이러한 定義는 性을 선천적으로 보는 孟子와 별 차이가 없다. 孟子의 良知良能說처럼 荀子도 性을 자연적으로 일어나는 作用으로 보았다. 荀子가 性과 心을 분리시켜 말하였다. 「性의 好惡 · 喜怒 · 哀樂을 情이라 한다」[63] 孟子는 情인즉 善할 수 있다고 하면서 側隱之心은 仁이라고 하였다. 側隱之心은 情과 心을 포함하고 있는 것이다. 荀子는 「말이나 사건과 喜 · 怒 · 哀 · 樂 · 愛 · 惡 · 欲 즉 七情은 心으로 구별한다. 心은 감각을 주재하므로 마음에는 徵知 즉 밝은 인식이 있는 것이다」[64]고 하였다. 荀子는 情과 心을 확연히 구별한다. 그에 의하면 「있는 그대로 情을 心으로 선택하는 것을 慮라고 한다」[65] 知慮의 측면에서 이야기한 것이다. 인간의 思惟能力인 心은 그 자체로 인간을 움직이는 근원적인 힘이 아니요, 性情을 지도하고 구별하고 주재하는 人爲的인 것이다. 心은 性情欲과 같은 人性이 아니다. 荀子는 心을 독립시켜 그 能力을 신뢰하고 善으로 보는 입장이다. 心은 육체의 군주요,神明의 주체이므로 스스로 명령을 發하고 남의 명령은 듣지 않는다. 스스로 금하고 스스로 부리고 스스로 빼앗고 스스로 취하고 스스로 행하고 스스로 그치는 것이다.[66] 心이 道를 알고 주재하지만 心에는 장애물이 있다. 孟子는 「사람의 마음에 대해서 역시 모두 장애물이 있다」[67]고 한다. 孟子가 高子에게 일러 말하기를 「산의 작은 길에 사람의 발자국이 닿는 곳이 잠깐 동안이라도 사용하면 길을 이루게 된다. 또 잠깐 동안이라도 사용하지 않으면 띠가 자라고 길이 막히게 되는 것이니 자네의 마음에 띠가 자라서 막혀 있는 것이다」[68]고 하였다. 心에는 荀子가 말한 徵知 즉 밝은 인식만 있는 것이 아니다. 荀子도 心을 欲望이 가린다고 생각했다.[69]

荀子는 欲望이 움직이는 것은 天性이라고 하였다. 그 가능한 데서 추구하는 것은 마음에서 받는다. 先天的인 欲望은 마음에서 일어나는 모든 생각에 의해서 제약을 받는다. 欲望을 다 충족시킬 수는 없는 것이다. 사람의 최대한 欲望은 生이요, 가장 싫어하는 것은 死이다.[70] 欲望을 추구하는 것은 人情의 불가피한 自然인데 그 가능성을 생각해서 지도해 나가는 것은 知慮가 따르기 때문이다.[71] 荀子가 말하고 있는 欲에 대한 要旨는 다음과 같다. 욕망은 사람의 당연한 소망이다. 이것을 근심하거나 없애려고 할 필요는 없다. 다만 절제할 줄 알아야 한다. 道理에 따라야 한다. 內心의 道를 경시

하는 자는 반드시 物欲에 사로잡힐 것이다. 物欲에 사로잡히면 불안이 따를 것이다.[72] 荀子는 欲望이란 人間의 本性이기 때문에 모두 없앨 수는 없고 가능한 데까지 욕망을 충족시키게 하고 소극적으로는 절제를 가하도록 해야 한다고 주장한다.[73] 욕망을 충족시키고자 하여 무절제하게 그 欲情대로만 하면 그 本性을 기른다는 것이 오히려 몸을 해친다.[74] 荀子의 견해로 보면 정치라는 것도 적극적으로는 欲望을 충족시키는 것이요, 소극적으로는 욕망의 절제를 도모하는 것이라고 볼 수 있다.

사람의 性은 본래 樸한 것이다. 태어나면서 곧 그 순박함을 떠나 性의 情에 따른다. 情의 반응인 欲은 利己를 追求한다. 欲에 편향되면 人道에서 벗어나 혼란한 상태에 빠진다. 이러한 상태는 惡이다. 荀子의 性·情·欲 論理는 정신분석적 측면이 多分하다. 프로이드와 精神分析學者들은, 人間의 性格(personality)을 人間의 자연적 欲求나 衝動을 가리키는 이드(id)와, 이드의 발산을 자신의 現實的 삶의 목적과 狀況에 맞게 통제하는 機能을 하면서 자신을 특징짓는 自我(ego)와 自我의 생각과 행동을 비판하고 自我가 이드와 타협하여 不條理를 행동을 할 때 이를 懲罰하고 罪意識과 不安感을 형성케 하는 原因으로 작동하는 超自我(superego)의 구성으로 생각하고 있다.[75] 荀子는 「하늘의 職分이 이미 성립되어 있고 하늘의 공덕이 이미 이루어져 있으며, 사람의 형체도 갖추어지고 精神이 생겨 좋아함과 싫어함 및 희노애락 등의 感情이 모두 內的으로 생겨나서, 이것이 天情이라고 하는 것이다. 耳目口鼻나 몸뚱이는 저마다 사물에 접촉하여 서로 다른 기능을 다하는데, 이것이 天官이라는 것이다. 또 사람의 마음은 가슴속에 자리 잡고 있어서 다섯 가지 感官을 다스리는데 이것을 天君이라 한다」[76]고 하였다. 飛躍되는 感이 있지만 荀子의 견해를 현대의 정신분석이론에 비추어 보면 다음과 같다. 荀子의 天情은 이드(id)와 상통하고 天官은 自我(ego)와 비유되며 天君은 超自我(super-ego)라고 볼 수 있다. 荀子는 말하기를 「聖人은 그 天君을 깨끗이 하고 天官을 올바르게 가지며 天情을 기른다」[77]고 하였다.

荀子는 대체로 인간의 感情이란 눈으로는 최고의 美色을 보려고 하고, 귀로는 최고의 음악을, 입으로는 최고의 맛을, 코로는 최고의 냄새를, 마음으로는 최고의 평안을 欲求하는데 이 다섯 가지의 극히 좋아하는 바는 사람의 情으로서는 절대로 벗어날 수 없다고 했다.[78] 이러한 情을 荀子는 性의

本質로 보았던 것이다. 欲을 情의 반응으로 보았기에 性·情·欲을 계열화시켰고 人性이 惡하다고 주장했던 것이다.

## 2. 氣·生·知·義

荀子는 사람이 氣·生·知·義를 가지며 水火, 植物, 動物의 分을 수용할 수 있다고 보면서 人間의 人間다운 所以를 여러 각도에서 말하고 있다. 우선 荀子의 말을 먼저 들어 보자.

> 물과 불은 氣는 있어도 생명이 없다. 풀과 나무는 생명은 있어도 知가 없다. 금수는 知가 있어도 義가 없다. 사람은 氣·生·知·義를 가진다. 그러므로 天下에 가장 貴한 것이다.[79)]

荀子의 이러한 단계적 說은 아리스토텔레스(Aristoteles)의 說과 교묘하게 닮았다. 아리스토텔레스는 「영혼」에는 여러 가지 다른 동류와 계급이 있다고 말했다. 아리스토텔레스에 의하면 植物은 植物靈魂이 있다. 動物은 植物靈魂과 感覺靈魂이 있다. 사람은 植物靈魂과 感覺靈魂 및 理性靈魂이 있다.[80)] 荀子의 說과 비슷하지만 각기 독립적인 思考의 결과로 보고 있다. 荀子는 인간의 특징을 말할 때 分義를 강조했다.

荀子가 인간만이 지니고 있다는 「義」는 道德的 意味도 있겠으나 群을 形成하여 사회생활을 할 수 있다는 意味가 더 강하다. 荀子는 말하기를 「힘으로 말하면 소를 당할 수 없고 달리기로 말을 당하지 못한다. 그럼에도 불구하고 말과 소를 부리니 어째서인가? 말하자면 사람은 群을 지을 수 있으나 소나 말 같은 것은 그렇지 못하기 때문이다. 그렇다면 사람은 어째서 무리를 지을 수 있는가? 말하자면 上下의 分別이 있기 때문이다. 上下의 分別은 어떻게 이루어지는가? 그것은 義에 의해서 분별된다. 그러므로 議로써 분별하면 調和가 서고 조화가 서면 하나로 된다. 하나로 되면 힘이 증가하고 힘이 증가하면 강해지고 강해지면 만물을 이긴다. 그래서 집을 지어 安居할 수 있게 된다」[81]고 하였다. 그는 이어서 말하기를 「群을 짓는 도리가 타당하면 萬物도 모두 그 타당함을 얻고 소·말·양·돼지·개·닭 등 여섯 가지 가축도 잘 자라고 그 밖의 모든 생명이 모두 제 命을 다할 수 있는 것이다」[82]고 하였다. 무리를 짓는 道理 즉 分義는 오늘날의 職分을 맡는 도리이다. 荀子는 「사람이 사람답다는 것은, 두 발로 걷고 털이 없다는 특별한 이유에서가 아니라 辨이 있기 때문이다」[83]

고 하였다. 人間 다운 所以를 「辨」에서 찾은 것이다. 분별에 있어서는 上下의 구분보다 큰 것이 없고 상하의 구분에 있어서는 禮보다 큰 것이 없다. 禮에 있어서는 聖王의 法보다 큰 것이 없다. 聖王이 백 사람이라면 누구의 법을 따라야 하는가? 성왕의 사적을 알려면 있는 그대로의 흔적을 모아보는 것이니 後王이 그 본보기이다. 後王이란 天下의 임금이니, 後王을 버리고 상고의 법을 말하는 것은 자기 임금을 버리고 남의 임금을 섬기는 것과 같다.[84)]

荀子가 말하고 있는 分義나 辨은 인간 사회의 조직 원리로서 禮가 그 기준이 된다. 荀子는 사람과 금수의 차이점을 사회의 질서 조직에 주안점을 둔다. 孟子는 「사람이 짐승과 별로 다른 것이 없겠는가마는 일반 사람들은 짐승과 다른 점을 잃어버리고 君子는 이것을 보존한다」[85)]고 했다. 孟子는 사람과 짐승의 차이점으로 仁義의 道德性을 내세운 것이다. 荀子는 이와 달리 인간이 짐승과 다른 점은 사회의 질서와 分義에 있다고 보았다.

荀子는 禮에 의한 신분질서 확립을 강조했다. 氣·生·知·義 중에서 義 부분을 제일 重視했다. 신분질서 확립을 주장하는 근거가 바로 義이다. 이때의 義는 分義를 말하고

이 分義는 禮義와 직결된다. 이러한 荀子의 주장과는 달리 孟子는 氣를 重視한다. 孟子는 말하기를 「養氣할 것을 잊고 있으면 이것은 마치 논밭에 김매지 않는 사람과 같다」[86]고 하였다. 孟子에 있어서 氣는 孔子에 있어서 氣와는 다르다. 孔子에 있어서 氣는 動物的 血氣, 勇氣를 志氣, 義氣로 전환하여 道德境界에 끌어 올린 것이다.[87] 孟子의 氣는 志氣를 다시 直으로 養하여 宇宙世界로 끌어 올린 浩然之氣이다.

그러면 古代 中國人들이 말하는 氣란 무엇인가? 金容沃의 견해에 의하면 「古代 中國人들은 人體가 血과 氣로 형성되어 있다고 본 듯한데, 이때 血은 단순한 피가 아니라 인체의 액체적 물질의 전체를 지칭하며 오늘말로는 넓은 의미에서 "體液에 해당될 것이다. 氣는 이에 관해서 人體의 기계적 물질(이때 물질이란 뉴톤물리학적 물체개념이 아니다)의 전체를 가리키고 있다. …… 이런 문맥에서 비로소 『孟子』 公孫丑上에 나오는 氣의 문제, 浩然之氣나 養氣의 概念이 좀 더 구체적으로 파악될 수 있는 길이 열린다」[88]고 한다. 孟子의 견해에 의하면 「氣는 義와 道를 짝하는 것이므로 氣가 없으면 시들게 된다. 이것은 義를 모아서 생겨나는 것이요 氣가 엄습하여 가져오게 하는 것이 아니다」[89]고 한다. 生業을 착한 일을 하게 하는 것보다 重視했을 뿐만 아니라 禮義를 다스리는 것도 그 다음의 일로 생각한 孟子였기에 荀子와는 달리 義보다 氣를 기를 것을 주장했다고 볼 수 있다.

荀子가 人間의 人間다움을 氣·生·知보다 義에 두었다는 점은 高度의 社會的 傾向은 人間 固有의 것이라는 思想에서 나온 것이다. 社會的 生活은 人間 特有의 것이라는 점을 강조한 이면에는 인간의 反社會的 경향은 禽獸와 共有한다는 論理로도 해석될 수 있다. 인간의 本性을 惡한 것으로 본 荀子가 人間을 天下에서 가장 貴한 存在로 말했다는 점에서 아이러니가 느껴지나 人文主義者로서의 그의 人間觀을 엿볼 수가 있다. 이어서 孟子와 荀子의 人間型에 대해서 論하기로 한다.

## C. 孟子와 荀子의 人間型

『孟子』書와 『荀子』書에 언급되는 人間에 대한 명칭에는 小人, 凡人, 野人, 釜之人, 一夫, 役夫, 其人, 君子, 士, 儒, 至人, 知人, 智者, 知者, 吉人, 大人, 大丈夫, 仁人, 仁者, 賢人, 賢者, 成人, 聖人 等 많이 있다. 이 많은 명칭을 小人 · 君子 · 聖人으로 大別해서 考察해 보기로 한다.

### 1. 小人

小人이란 말은 君子와 天人의 對稱으로 많이 사용된다. 孟子가 말하는 小人이란 身分階級意識的인 意味를 초월하여 道德的 自覺을 못한 사람을 뜻한다. 孟子는 大體를 따르면 大人이 되고 小體를 따르면 小人이 된다고 하였다. 孟子는 말하기를 「몸에는 귀하고 천한 것이 있으며 작고 큰 것이 있다. 작음으로써 큰 것을 해롭게 하는 것이 없고 천한 것으로써 귀한 것을 해롭게 하는 것이 없으니, 그 작은 것을 기르는 자는 小人이 된다」[90]고 하였다. 다 같은 사람이면서 어떤 사람은 大體를 따르고 어떤 사람은 小體를 따르는 것은 무슨 까닭이냐고 公都者가 물어보니 孟子는 대답하기를 「耳目之

官은 생각하지 않고 밖의 사물에 가려진다. 밖의 사물이 보고 듣는 관능에 접촉되면 관능이 그것을 끌어당길 따름이다. 心之官은 생각이므로 생각하면 事理를 알게 되고 그렇지 못하면 알지 못한다. 이것은 하늘이 나에게 준 것이다. 먼저 큰 것에 서서 그 작은 것을 빼앗을 수 없으니 이것이 大人이 되는 길이다」[91]고 설명하였다. 이 말을 통해 추론하면 小人이란 耳目之官의 관능에 끌리어 행동하는 사람이다. 사리를 알지 못하고 생각하는 힘이 부족한 사람이다. 작은 것에 치중하여 큰 것을 잃는 사람이다. 孟子의 小人은 心理的 本性을 파악하여 말한 東洋的 人間觀이다.

孟子는 말하기를 「君子의 德은 바람이요, 小人의 德은 풀이라 풀에 바람이 불면 쓰러진다」[92] 仁義의 德이 모자란 사람이 小人이라는 의미를 지닌다. 신분상의 의미로 小人에 대해서 孟子는 「君子犯義, 小人犯刑, 國正所存者, 幸也」[93]라고 말하였다. 이 말은 君子가 義를 범하고 小人은 형벌을 범하면 나라가 망하지 않는 것이 요행이라는 意味이다. 당시의 小人은 대개 被治者階級으로서 賦役을 하면서 市井이나 草野에 살면서 敎育을 받지 못한 部類를 말하였다. 그러나 孟子가 말하는 진정한 의미의 小人은 仁과 禮에 따라 行하지 않는 금수같은 사람을 뜻한다. 仁과 禮를 마음에 두지 않고 人倫을 破棄하는 사람을 말한다. 孟子는 말하기를 「天下에 道가 있으면 小德이 大德에 심부름을 하고 小賢이 大賢에 심부름을 하며 天下에 道가 없으면 약한 자가 강한 자의 심부름을 한다」[94]고 하였다. 여기서의 小德 小賢은 小人의 의미에 가깝다고 볼 수 있다.

荀子는 孟子보다 小人에 대한 언급을 많이 하였다. 荀子는 사람은 나면서부터 똑같이 小人이라고 하였다. 만일 스승이 없고 예법이 없었다면 오로지 사사로운 이익 밖에는 보이는 것이 없었을 것이라고 하였다.[95] 荀子가 말하는 小人은 항상 말에 신용이 없으며 항상 행동이 온당치 못하고 오로지 이해관계를 따라 전심전력한다.[96] 小人은 사물에 의하여 자신이 부림을 받는다.[97] 小人은 더없이 혼란하면서도 자기를 비평하는 사람을 아주 싫어하고, 자기는 극히 어리석으면서도 다른 사람으로부터 어질다는 말을 듣고 싶어 한다. 마음가짐은 호랑이요 행동은 짐승 같은데도 남이 자기를 난적으로 말하면 원수처럼 미워한다. 자기에게 아첨하는 자를 가까이 하며 자기를 일깨워 주는 사람은 멀리한다. 몸을 닦아 행실이 바른 사람을 비웃으며 충실한 사람을 적으로 여기니 비록 망하지 않고자 하나 어찌 될 수 있으랴.[98] 말이 많거나 적거나 모두 이치에 맞지 않으면 小人이다.[99] 天下는 큰 그릇이므로 小人으로서는 비유할 수 없다.[100] 小人은 위세에 의한 영예는 얻을 수 있어도 도의적인 영예는 얻을 수 없다.[101] 小人의 학문은 귀로 들으면 바로 입으로 나온다. 小人의 학문은 그것으로 자신을 짐승으로 만들 뿐이다.[102] 小人이란 애써서 사람들이 자기에게 착하게 대하기를 바라지만 그 생각하는 바는 알기 어렵다. 행동은 안심할 수 없으므로 하는 일이 성사되기 어렵다. 마침내는 자기가 좋아하는 것을 얻을 수 없고 싫어하는 것만 얻게 된다. 小人은 늘 발돋움을 해 가면서 지혜와 재능이 다른 사람보다 나은 점이 있다는 것을 증명하려고 한다. 小人은 본래 君子나 자기가 조금도 다를 바가 없다는 것을 모른다. 다만 君子는 합당한 행동을 하였고 小人은 그릇된 행동을 하였을 뿐이다. 그러므로 小人의 지혜와 능력도 족히 군자의 행동을 하고도 남음이 있다는 것을 알게 된다. 군자는 중원의 풍습에 안주하니 이는 지혜나 능력이나 자질이 문제가 아니라 습성과 절도가 다르기 때문이다. 仁義를 지키고 道德을 실천함은 언제나 편안한 방법이지만 반드시 위험이 없다고는 할 수 없다. 또한 간사하고 거짓된 행동이 언제나 위험스러운 방법이기는 하나 반드시 불안하기만 한 것도 아니다. 그러므로 君子는 언제나 常道를 따르고 小人은 기이한 요행수를 따른다.[103)]

以上 小人에 대한 孟子와 荀子의 견해를 피력하였다. 兩者의 견해가 비슷하나 차이점을 들면 다음과 같다. 첫째로 孟子는 耳目之官의 관능을 따르는 者를 小人이라고 한데 비하여 荀子는 이해관계를 따라 전심전력하는 子를 小人이라고 말했다. 둘째로, 孟子는 心之官의 不思로 事理를 모르는 者를 小人이라고 한데 비하여 荀子는 지혜나 능력이나 자질을 문제 삼지 않고 습성과 절도가 기괴한 子를 小人으로 보았다. 셋째로, 孟子는 小人을 도덕적 자각을 못한 자로 보고 주로 心理的 측면에서 파악했으나 荀子는 밖으로 드러나는 행위의 측면을 사례 적으로 열거하여 규명하였다. 넷째로, 孟子는 天性이 가리운 子를 小人이라고 보는데 비하여 荀子는 나면서부터 사람은 다같이 小人이라고 보았다. 以上의 차이점에도 불구하고 兩者 모두 小人이 노력하면 君子나 聖人이 될 수 있다고 보았다. 인간의 能力과 道德性에 대한 신뢰를 가졌다는 점에서 공통점이 있다.

## 2. 君子

君子에 대해서 孟子와 荀子는 자주 거론했다. 論議의 범위도 광범하다. 먼저 孟子의 君子에 대한 견해를 고찰해 보기로 한다. 孟子는 君子의 本質的 要所가 人格에 있음을 주로 강조하였다. 孟子 이전의 君子는 官職에 있는 사람을 말하거나 治者의 의미로 사용되었다. 周霄가 물어보기를, 옛날의 君子는 벼슬을 하였느냐고 하니 孟子가 대답하기를 벼슬을 하였다고 했다.[104] 君子라는 말은 詩·書時代에도 사용되었으나 그 때는 女子의 男子에 대한 칭호로 또는 官職에 있는 사람을 稱하는 名辭로 或 쓰이었고 春秋時代에 이르러 官人, 賢者의 意味로 그 使用이 보편화되었으나 道德의 模範, 或은 理想的 人格으로서 意味는 孔子에 이르러 확립되었다고 한다.[105]

孟子에 의하면「君子犯義, 小人犯刑, 國之所存者 幸也」[106]라고 하면서 身分上의 君子를 治者階級으로, 耕作하지 않고 먹고 사는 士大夫 以上의 사람을 말하였다. 그러나 孟子가 말하는 진정한 의미의 君子는 人格上의 구별로써 君子는 仁과 禮에 따라 행하는 사람이며 禮가 없는 사람은 禽獸와 다를 바 없다고 하였다.[107]「사람이 금수와 다른 점은 극히 적으니 庶民은 버리고(去之), 君子는 가지고(存在) 있기 때문이다」[108] 여기서 庶民이 버린다는 것은 人倫을 破棄한다는 의미이고, 가진다는 의미는 仁과 禮를 마음에 둔다는 것이다. 孟子는「君子는 仁과 禮를 마음에 두어 잃어버리지 않기 때문에 仁과 禮가 아니면 행하지 않는지라 만일 하루의 근심이 있어도 君子는 근심하지 않는다.[109]고 역설하면서 外的 地位보다 內的 道德性에 따라 君子와 庶民을 구별했다.

孟子에 의하면「君子는 하늘을 원망하지 않으며, 사람을 허물하지 않는다」.[110]「君子가 지키는 것은 그 몸을 닦아서 天下를 平하는 것이다.[111]「君子는 法을 行하여 기다릴 뿐이다.[112]

孟子는 君子의 性品에 대하여 여러 가지로 설명하고 있다.「君子의 성품은 道가 크게 行하여도 더하지 않으며, 비록 궁하게 거하여도 덜어 내지 않는다. 分數가 정해져 있기 때문이다. 군자의 性品에는 仁義禮智가 마음에 뿌리박고 있으며, 그것이 발하면 윤택하게 얼굴에 나타나고 등에 넘쳐흐른다. 四體에 베풀어져 사체가 말하지 않아도 깨닫게 된다.[113]「君子는 새와 짐승이 살아있는 것은 보고, 죽은 꼴은 보지 못한다. 더욱이 그 죽은 소리를 듣고는 차마 그 고기를 먹지 못하므로 푸줏간을 멀리한다.[114] 이와 같은 孟子의 설명으로 보면 그가 性善의 四德으로 君子의 道德的 性品을 論했다고 볼 수 있다.

孟子는 君子가 되는 길에 대하여 가르쳐 준다. 「흐르는 물이 웅덩이에 차지 못하면 흐르지 못하는 것처럼 君子가 뜻이 있어도 文章을 이루지 못하면 통달하지 못한다」.[115] 君子가 깊이 나아감을 道로써 하는 것은 自得하고자 함이다. 自得하면 사는 것이 편안하고 편안하면 籍賴함이 깊고, 籍賴 함이 깊으면 좌우에서 취함에 그 근원을 만날 것이다. 그러므로 君子는 自得하고자 한다.[116]

孟子는 君子가 해야 할 의무를 몇 가지로 제시하고 있다. 「君子는 남에게 착한 것을 도와주는 것보다 큰 것이 없다」[117] 君子가 활을 당겨 쏘지 아니하고 튕겨나오듯 눈앞에 나타나게 하여 中道에 서면 能力있는 사람은 그대로 따라한다」[118] 「오직 君子라야 能히 의로운 길을 경유할 수 있고, 禮의 門으로 출입할 수 있으니, 『詩經』에 이르기를 周나라 길은 숫돌같으며, 곧기는 화살과 같다. 이것은 君子가 행하는 바요, 小人이 보고 법칙을 삼는 것이다」[119]고 하였다. 그러므로 「君子의 德은 바람이요, 小人의 德은 풀이라 풀에 바람이 더

하면 쓰러진다」.[120)]

孟子는 말하기를 君子에게는 세 가지 즐거움이 있다고 하였다. 特記할 만한 것은「王天下不與存焉」를 두 번 되풀이한 점이다. 孟子의 現實的 君子의 삶이 무엇인가를 잘 표현해 준 대목이므로 引用하여 보기로 한다.「孟子는 말하기를, 君子는 세 가지 즐거움이 있으나 天下의 王者가 되는 것은 여기에 들어 있지 않다. 부모가 살아 계시며 형제들이 무고한 것이 첫째 즐거움이요, 우러러 하늘에 부끄럽지 않은 것이 둘째 즐거움이요, 천하의 영재를 모아 교육하는 것이 세 번째의 즐거움이다. 君子는 세 가지 즐거움이 있으나 천하를 통일하여 王者가 되는 것은 여기에 들어 있지 않다.[121)] 孟子는 君子가 가르치는 다섯 가지 方法을 말하였다.「때맞춰 오는 비와 사람을 교화시키는 것과 덕을 이뤄 주는 것, 재능을 발전시켜 주는 것, 물음에 대답해 주는 것, 혼자서 덕을 닦아 나가도록 해 주는 것, 이 다섯 가지는 君子가 가르치는 것이다」.[122)] 또 말하기를「땅을 넓히고 백성을 많게 하는 것은 군자가 하고자 하지만 즐거워하는 것은 거기에 있지 않다. 天下 가운데 서서 四海의 백성을 안정시켜 주는 일은 君子가 즐거워하나 그가 本性으로 지니는 것은 거기에 있지 않다」

[123]고 하였다. 여러 가지 가르치는 방법과 즐거움은 모두 外的인 데에 있지 않고 仁義禮智 本性에 깃든 內面性에 두고 있다.

孟子는 君子의 몸가짐에 대해서 말하였다. 당시의 제후들이 어진 이를 대접함이 幣帛으로써 恭敬함을 삼으며 그 실상이 없음을 지적하여「공경하나 실상이 없으면 君子는 헛되이 머물지 않는다」[124]고 하였다. 以上 孟子가 말한 君子는 身分階級意識的인 意味를 초월하여 道德的 自覺을 말한 것이다. 君子의 本質的 要素는 人格에 있음을 알 수 있다.

荀子는 學問과 禮法에 敎化된 사람을 君子로 보았다. 荀子는 학문을 권장하면서 자기가 처할 곳을 확실히 한 뒤에 정진해야 한다고 강조한다. 그의 말에 의하면「君子는 거처함에 있어 동네를 가려 살고 놀 때에는 반드시 선비와 어울리니, 이는 邪惡으로 비뚤어지는 것을 막음으로써 中正에 접근하기 위해서이다」[125]라고 하였다. 환경의 중요성을 강조한 것이다. 孔子의「里仁」思想을 본받은 것이다.[126] 荀子에 의하면「君子는 기괴한 행동을 하지 않고 자신의 목표에 따라 정진하는 사람이다」[127]「君子는 학문을 중단해서는 안 된다. 나날이 지식을 넓히고 또 자신을 반성해 가노라면 지혜는 밝아지고 행동에 과실이 없게 될 것이다」[128] 「君子는 한결같은 마음을 고수한다」[129] 「君子는 스승을 높이고 벗을 친애하며 아첨하는 원수는 미워한다. 善을 좋아하여 싫증내지 않으며 일깨워 주는 말을 달게 받아들여 능히 경계하니 비록 정진하지 않고자 하나 어찌 될 수 있으랴!」[130] 以上 언급한 내용은 學問에 精進하는 態度와 처신하는 환경의 중요성을 밝힌 부분이다.

行爲的 측면의 君子像에 대해 荀子는 어렵게 행하는 것을 귀하게 여기지 않는다. 명성에 있어서 구차스럽게 전하는 것을 귀히 여기지 않는다. 가장 貴히 여기는 것은 바르고 온당한 것이다」[131] 荀子는 말하기를 「君子가 이익을 구함에 있어서 간소하고 해악을 멀리함에 있어서는 서두른다. 君子가 빈궁 속에서도 여유 있고 뜻이 넓은 것은 仁을 숭상하기 때문이다. 부귀해도 공손하고 삼가는 태도를 취하는 것은 위세를 죽이는 까닭이다. 편안하고 한가로워도 혈기가 게을러지지 않는 것은 사리를 분별할 줄 알기 때문이다. 수고롭고 고단해도 용모가 허술해지지 않는 것은 禮를 좋아하기 때문이다. 화가 난다고 해도 지나치게 빼앗지 않고 즐겁다 해도 지나치지 않는 것은 法이 私心을 이기기 때문이다」[132] 荀子가 말하

는 君子는 사물을 자유로이 부릴 수 있는 사람이다.[133] 君子는 뜻을 돈독히 하여 몸소 실천하는 사람이다.[134] 배우기 좋아하고 공손·민첩하면서도 남에게 겸손하게 대하면 가히 君子라 할 것이다.[135] 心氣를 다스리고 君子가 되는 길은 禮와 스승과 好學의 정신에서 찾을 수 있다. 知性이 갖추어지면 부귀영화나 권력 등에 초연한 입장을 취할 수 있으므로 知性人 곧 君子의 마음은 언제나 편안하고 자유자재할 수 있다. 荀子가 「君子役物」이라고 한 말은 현대 物質主義를 극복할 수 있는 좋은 警口이다.

荀子가 말하는 군자는 禮義를 다스리는 사람이다. 荀子는 말하기를 「君子는 그 몸을 청결하게 하며 뜻을 함께하는 사람들과 서로 相合함다. 그 말씨를 선하게 하여 같은 부류의 사람들과 향응한다. 君子의 마음 수양은 진실에 대하여 그저 좋아하는 것이 아니다. 진실의 최고 경지로 나아가기 위하여 다른 일에 종사하지 않고 오로지 仁을 지켜 義를 行하는 길뿐이다. 진실한 마음으로 仁을 지키면 반드시 외형적으로 나타난다. 외형적으로 나타나면 신비로우며, 신명하기가 신비의 경지에 이르면 능히 만물을 化育하는 것이다. 무릇 진실이란 君子가 지켜야 할 바로서 政事의 根本이다. 오로지 진실이 존재하는 곳이라야 만물이 모여들게 마련이다」[136] 君子가 추구하는 최고의 목표는 변화하고 교체하며 興起하는 天德의 道理로 萬物을 化育하는데 있다. 君子의 人格完成은 道에 근본을 두고 있다. 이 道는 禮義로 유추된다.

荀子는 君子가 조심해야 할 여섯 가지를 말하였다. 「공정한 데서 밝음이 생긴다. 편벽된 데서 어둠이 생긴다. 속이고 거짓된 곳에서 궁색함이 생긴다. 성실한 곳에서 神明이 생긴다. 과장되고 허황된 곳에서 미혹이 생긴다. 이 여섯 가지의 발생을 君子는 조심한다」[137] 이 부분은 君子의 사물에 따라 처신하는 法度와 方法, 진실의 중요성을 말함으로써 光明正大한 모습을 강조한 것이다.

荀子는 常道를 따르는 君子의 모습을 자세하게 밝혔다. 「君子란 스스로 信義가 있음으로써 남이 자기를 믿어주기를 바란다. 스스로 충성스러움으로써 남이 자기에게 친근하기를 바란다. 스스로 올바르게 닦고 훌륭하게 다스림으로써 남이 자기에게 착하게 대해 주기를 바란다. 그의 생각은 알기 쉽고 행위는 안심하게 하며 일이 성사되기 쉬우므로 마침내 자기가 좋아하는 것을 얻고 싫어하는 것을 만나지 않는다. 그러므로 군자는 곤궁해도 묻혀 잊혀 지지 않고 일이 형통하면 크게 빛난다」[138] 荀子가 말하는 君子는 스스로 賢能하면서 무능한 자를 너그러이 받아들이고 스스로 순수하면서 순수하지 못한 자를 받아들이는 사람을 말한다.[139] 兼容之術 즉 包容力을 강조했다.

荀子는 남을 가르칠 의무를 강조하면서 君子의 談說之術을 말했다. 「장중한 태도로 임하여 단정하고 정성스러운 태도를 견지하고 비유를 들어 밝게 일러준다. 분별로써 이치를 명백히 하고 즐겁고 부드러운 태도로 접근시켜 그 내용을 보배롭게 한다. 君子는 반드시 辯說한다. 대체로 사람이란 자기가 좋다고 여기는 바를 남에게 말하기를 좋아하는데, 君子는 특히 더하다. 君子의 辯說은 어질고 의롭다. 언변이 仁에 부합되지 못한다면 그 변설은 침묵만 못하고 변설에 기교가 많으면 눌변보다 못하다. 미리 생각해두고 계획을 세워야 한다. 잠시 하는 말도 들을 만 하여 文理式이 있고 實質的이고 博議하되 正直하면 이것은 士君子의 변설이다.[140]

君子는 人格修身과 完成이 最高 目標로 荀子의 教育精神의 요체이다. 君子란 法의 원천적 存在이다.[141] 荀子의 君子는 나면서부터 남다른 것이 아니라 다른 사물의 이치를 잘 빌어 善用한 結果이다.[142]

以上 論述한 孟子와 荀子의 君子論을 놓고 相似點과 差異點을 찾아보면 다음과 같다. 첫째로 孟子는 外的 地位보다 仁義禮智 德性을 바탕으로 君子를 說하였고 荀子는 學問과 禮法을 중심으로 君子를 論하였다. 둘째로 孟子는 理想에 치중하여 君子의 內面的 自覺을 重視하였고 荀子는 現實에 치중하여 君子의 禮法을 강조하였다. 셋째로 孟子의 君子는 法을 行하여 天命을 기다리는데 비하여 荀子의 君子는 法의 源泉的 存在로서 환경과 사물을 善用할 것을 강조했다. 孟子와 荀子의 君子論에서 相通하는 점은 다음과 같이 엿볼 수 있다. 孟子」와 荀子는 모두 君子의 義務가 가르치는 일에 있다고 보았다. 教育重視 思想은 孟子의 「君子三樂」 中에 있고 荀子의 「談說之術」에 강조되어 있다. 兩者는 다같이 人間이면 누구나 君子가 될 수 있다는 긍정적 思考를 하였다. 君子는 道理에 따라 行爲를 하는 사람이라는 점에서도 一致點이 있다. 君子는 보다 더 높은 次元의 人間像인 聖人에게로 직결된다고 보았다.

### 3. 聖人

聖人은 完成된 人格人으로서 最高의 理想을 實現하는 사

람이다. 中國哲學에서 期待하는 「人間」은 現世 속에서의 「聖人」이지 이 세상을 버리고 다른 세계로 飛揚해 가는 神格的 存在가 아니다.[143] 孟子는 말하기를 「聖人은 人倫 道德의 극치인 것이다」[144]고 하였다. 孟子와 荀子는 모두 「堯·舜」을 聖人으로 보았다. 孟子가 말하기를 「堯와 舜은 天性대로 한 것이요 湯과 武王은 몸을 닦아서 실천한 사람이다」[145]고 하였다. 孟子는 「道性善 言必稱 堯舜」[146]이라고 하면서 「禹 임금은 聖人의 지위를 얻은 사람들이다. 천하를 통일하고 萬物을 마름했다. 만민을 잘 다스려 天下를 이익 되게 하여 모두 귀속시키니 열 두 사람의 학자가 감화된다」[147]고 하였다.

孟子는 「自己의 마음을 극진히 함으로써 本性을 깨닫고 그 本性을 알면 天을 안다」[148]고 했다. 聖人이 되기 위해서는 天을 알아야 한다. 그러나 荀子는 正反對로 「오직 聖人만이 天을 알려고 하지 않는다」[149]고 하였다. 荀子에 의하면 天·地·人은 각각 자기의 직분을 지니고 있다고 한다.

「사람은 모두 理義를 즐겨하는 心性을 가졌다. 聖人이란 다만 理義를 다른 사람보다 먼저 깨달았을 뿐이요, 類가 다른 것은 아니다」[150]고 孟子는 말하였다. 荀子 역시 「모든 聖人이 보통 삶들과 별로 다를 바가 없는 것은 人爲的인 노력 때문이다」[151]고 하였다. 荀子는 聖人이란 학습을 거듭 쌓은 결과인 것으로 보았다.[152] 荀子는「거리를 지나가는 사람도 모두 禹임금처럼 될 수 있다는 말은 무슨 말인가? 말하자면 우임금이 우임금 된 원인은 그 仁義와 올바른 규범을 실천했기 때문이다」[153]라고 말하였다. 모든 사람이 같다는 경우의 의미를 孟子는 性善으로 같다고 보았다. 荀子는 性惡으로 같다는 것이다. 荀子는 後天的 教化를 孟子보다 重視한다. 사람은 教育, 習俗, 環境 등이 쌓이는 동안에 聖人이 되고 惡人도 된다는 것이다. 孟子는 善의 保持와 擴充에 의해서 聖人이 될 수 있다고 한다.

孟子는 聖人의 임무를 백성들의 食生活과 관련지어 다음과 같이 말하였다.「聖人이 天下를 다스릴 때 콩과 조 같은 곡식을 물과 불처럼 풍부하게 할 것이니, 콩과 조가 물과 불처럼 풍부하다면 어떻게 仁하지 못한 자가 있겠는가?」[154]라고 반문하였다. 荀子는 말하기를「聖人의 德이 두터운 것은 禮를 쌓았기 때문이요, 德이 큰 것은 禮를 넓혔기 때문이다」[155]고 하였다. 여기에서 孟子와 荀子의 關心度가 다름을 알 수 있다. 孟子는 食生活을 때 맞춰 넉넉하게 공급해 주어야 백성들이 仁義禮에 안주할 수 있음을 말하였다. 民生苦 解決

을 重視하고 聖人의 역할이 여기에 있다고 본 것이다. 荀子는 먼저 禮에 의한 사회질서 확립이 급선무라고 보았다. 禮 안에 있으면 하는 일마다 질서를 얻고 잘 된다는 것이다.

孟子는 孔子를 본받을 것을 所願했으며 生民 이래로 孔子만큼 훌륭한 人物이 없다고 극찬했다.[156] 孔子는 聖人으로서 시기에 알맞는 사람이요, 모든 것을 모아 大成했다고 하였다.[157] 荀子는 孟子처럼 孔子를 극찬하지 않았다. 孔子와 子弓의 義를 칭송하였지만 聖人으로서 지위를 얻지 못했다고 하였다.[158] 荀子는 孔子의 제자들을 「非十二子篇」에서 공박했다. 思想家 12명을 들추어 공격하면서 孔子의 제자인 子思·子游·子張·子夏의 학문은 似而非하다고 하였다. 孟子가 孔子의 제자들을 칭송한 일 外에 일체 비난을 하지 않은 것과 대조적이다.

孟子는 人格의 六段階를 善·信·義·大·聖·神로 區分하여 말하였다. 이 中에서 「聖」은 위대하면서 化한 것을 말한다.[159] 「大而化」라는 意味는 두루 미치는 德化를 포함하고 있다. 「舜임금이 山속의 野人들과 다를 것이 거의 없었으나, 하나의 착한 말을 듣고, 하나의 착한 행실을 봄에 미쳐서는 마치 江과 河水를 터놓은 것처럼 沛然히 터져 나가 막을 수 없었다」[160]고 孟子는 말하였다. 이러한 德化의 例를 더 들어보면 다음과 같다. 「聖人은 百代의 스승이다. 伯夷와 柳下惠같은 분이 이들이다. 伯夷의 풍모를 듣는 사람은 탐욕스러운 사나이가 청렴해지며 나약한 사나이가 目標를 확립하게 된다. 柳下惠의 풍모를 듣는 사람은 박한 사나이가 두터워지며 야비한 사나이가 너그러워진다. 百代의 위에서 떨치거든 百代의 뒤에 듣는 사람들이 감동, 발분하지 않는 사람이 없나니 聖人이 아니고서야 이럴 수 있겠는가?」[161]고 반문했다. 聖人의 德이 기르는 곳은 모두 意義있고 가치 있는 感化를 준다는 뜻이다.

荀子도 聖人의 德이 위대함을 말하였다. 「血氣는 平和롭고 뜻은 偉大하여 義를 行하매 天地間에 充滿하니 이는 어질고 지혜로움의 극치요 이를 聖人이라고 한다」. 「위에서 하나를 거들면 아래에서도 하나가 되어 거드니 이런 사람을 聖人이라고 하는 것이다」[162] 「지혜와 사려가 밝고 영민하여 언제까지나 다함이 없는 사람이 聖人이라고 말한다」[163] 이러한 荀子의 聖人論은 孟子의 見解와 크게 다를 바 없다. 兩者는 모두 무궁무진한 聖人의 德을 칭송하고 있는 것이다.

以上 孟子와 荀子의 最高 人間型으로서 聖人에 대한 주장

을 살펴보았다. 두 사람의 性과 天에 대한 相異한 觀點으로 인하여 聖이 되기 위한 方法論에 현저한 차이가 있음을 밝혀 보았다. 게다가 人性의 修養과 實現에 대한 論議도 더욱 다를 수밖에 없을 것이므로 이에 대해서도 밝혀 보기로 한다.

# Ⅳ. 人性의 實現과 修養

## A. 孟子의 性善 實現

儒家에서는 修己治人의 實踐的 修養을 주장한다. 不仁 不義를 拒斥하고 仁義禮智의 本性으로 돌아가기 위해서는 修養이 必要하다.

孟子는 仁義禮智의 本性을 實現하려면 먼저 잃어버린 마음(放心)을 求해야 한다고 주장하였다. 그는 物欲을 적게(寡慾)하여 마음을 기를 것을 力說하였다. 孟子는 浩然之氣를 길러 道義를 實現하고자 하였다. 그는 人性에 의해 五倫과 孝悌가 實現될 수 있음을 强調하였다.

이러한 孟子의 修養論을 具體的으로 밝히면 다음과 같다.

## 1. 求放心과 寡慾

上과 下가 서로 利를 취하고, 빼앗지 않으면 만족하게 여기지 않는 現象[1]에는 物欲을 自制하는 修養이 必要하다. 心之官의 道를 行하려면 잃어버린 마음을 먼저 구해야 할 것이다. 그래서 孟子는 마음을 기르기 위한 寡慾을 말하였고 학문의 길로 求放心을 이야기하였다. 이러한 方法은 消極的이기는 하나 存心養性의 길이기 때문에 그 구체적인 內容을 살펴보는 意義가 크다고 볼 수 있다.

孟子는 「仁은 사람의 마음이요, 義는 사람의 갈 길이다. 그 길을 버리고 따르지 아니하며 放其心하고도 구할 줄 모르니 슬프다」[2]고 탄식하였다. 그래서 그는 사람이 닭이나 개가 도망을 하였다면 곧 찾을 줄 알되, 放心이 있으나 구할 줄을 모른다고 말하면서 學問의 길은 다른 것이 없고 그 放心한 것을 구하는 것이다.[3]고 하였다. 사람이 사람다운 노릇을 못하는 것은 良心 즉 仁義의 善心을 잃어버리기 때문이다. 孟子는 孔子의 말을 引用하여 「잡으면 있고 놓으면 없어져서, 出入이 때가 없어서 그 고향을 알지 못하는 것은 오직 마음을 이르는 것이다」[4]고 하였다. 마음의 神明은 측량치 못할 것이니 얻고 잃음은 쉬우나 보존해 지키기는 어려운 것이다.

孟子는 모든 사람이 不義를 부끄러워하고 不善을 미워하는 마음을 가졌으므로 비록 먹는 것이 급하더라고 無禮하게 차라리 죽을지언정 먹지 않는 本心이 있는데, 物欲에 가리워 사람이 어두워지면 本心을 잃고 禮義에 어긋나는 萬鍾의 녹을 받는다고 하였다.5) 또 말하기를 두 줌이나 한 줌이 되는 오동나무와 가래나무를 사람이 진실로 키우고자 하면 다 기르는 방법을 알지마는 自身에 이르러서는 기르는 것을 알지 못하니 생각지 않음이 심하기 때문이라고 하였다. 그러므로 求放心하기 위해서는 心之官의 道義에 따를 것을 주장했다.6) 그는 예를 들어, 음식을 탐내는 사람은 곧 사람이 천하게 여기니 그 작은 것만 길러서 心志와 같은 큰 것을 잃었기 때문이라고 하였다.7) 小體의 欲이 本心을 해치지 못하도록 강조한 말이다. 耳目之官 즉 신체적 感覺的 器官이 道德心을 해치지 못하도록 하라는 말이다.

孟子는 잃어버린 마음을 求하기 위해서 自省 內求할 것을 이야기하였다. 求하면 얻고 버리면 잃어버린다. 여기에 求하는 것을 얻는데 有益한 것이 있으니, 그것은 내게 있는 것을 求해야 한다. 구하는 데는 方法이 있고 얻는데 命이 있다. 이 求하는 것을 얻는데 無益한 것은 밖에 있는 것을 구하기 때문이다.[8] 孟子는 「赤子之心」같은 素朴한 마음을 잃지 말 것을 力說하였다. 反求 諸己를 주장하였다.[9] 다시 말해 耳目之官에 유혹되어 放心된 本心을 찾으려면 「萬物 皆備於我」한 內心에서 求해야 할 것이다.

孟子는 寡慾할 것을 주장하였다. 모든 사람들은 良心을 가지고 있으나 外物에 이끌려서 欲心에 생기므로 本來의 良心을 잃어버린다. 「산길의 지름길 사이는 갑작스레 다니면 길이 되고, 잠깐 동안 쓰지 아니하면 띠가 막게 되는 것이니, 이제 띠가 자네의 마음을 막았다」[10] 高子에게 말한 孟子는, 本心의 善을 기르기 위해서는 多欲을 제거해 나갈 것을 주장하였다.

눈은 빛을, 귀는 소리를, 입은 맛을 欲求하는 것이라고 하나 이러한 欲求를 다 채워 줄 수 없다. 그러나 어떤 人間이든지 食色의 欲求를 끊고 보면 그 사람은 生命을 유지할 수 없다. 그러기 때문에 耳目之官의 欲求를 적절히 조절할 必要가 있다. 寡慾은 無慾이나 禁慾보다 더 적절한 思想이라고 볼 수 있다.

孟子는 「마음을 기르는 데에는 欲心을 적게 하는 것보다 善한 것은 없으니, 그 사람됨이 欲心이 적으면 本心을 보존하지 못하는 일이 있다손 치더라고 극히 적을 것이다」[11]고 하였다. 이 말은 欲心을 막는다는 意味도 있으나 道德心이 欲心에 이끌리지 않도록 養心해야 한다는 의미이다.

孟子에 있어서 修養은 物欲을 自制하는 데 있다. 예를 들어 대개 굶주린 사람은 맛있게 먹고 목마른 자는 달게 마신다. 그러나 이것은 음식의 맛을 안 것은 아니다. 주리고 목마른 것이 해롭게 한 것이다. 그런데 어찌 입과 배에만 이런 주리고 목마른 해로움이 있겠는가 사람의 마음에도 이러한 害가 있다.[12] 이는 지나친 禁欲으로 因한 心志의 장애를 말한 것으로, 食色에 있어서 本心이 道德意志의 調和를 이룰 것을 뜻하는 것이다. 그래서 孟子는 行해서는 안될 것을 行하지 말고 欲求해서는 안될 것을 바라지 말 것을 주장하였다.

## 2. 養浩然之氣

孟子의 浩然之氣는 非道德的인 것은 拒斥하고 道義는 실현시키고자 하는 眞勇이요, 不動心의 한 方法이다. 그는「나는 말을 알며 나의 浩然의 氣를 잘 기른다」라고 말하면서 浩然之氣에 대하여 다음과 같이 설명했다.

浩然之氣는 말로 표현하기 어려우나 그것의 氣됨이 극히 크고 지극히 강건하며 곧은 삶의 태도로 그것을 길러 해를 끼치지 않으면 곧 그 氣가 하늘과 땅 사이에 가득 들어차게 된다. 그것의 氣됨이 또한 義와 道를 짝하는 것이니 이것이 없으면 시들어 버린다. 그것은 義가 모아져서 생겨나는 것이며 義가 갑자기 밖에서 뻿어오는 식으로 생겨나는 것이 아니다. 行動을 하여 마음에 만족스럽지 못한 점이 있다면 그것은 시들어 내린다.[13)]

朱熹에 의하면, 浩然은 물이 흘러서 그치지 않는 것과 같은 것이다.[14)] 浩然은 盛大하고 流行하는 모양이다. 대개 그 마음에 홀로 얻은 바로서 형상과 소리의 징험이 없으므로 쉽게 말로 형용할 수 없다. 浩然의 氣는 나의 氣이니 길러서 害하지 않으면 天地에 가득 찰 것이요, 한번 사사로운 뜻에 가리는 바가 되면 감연히 시들어져 작음을 알게 될 것이다. 浩然의 氣는 마음이 그 바른 것을 얻을 때를 기다려야 한다. 浩然은 이지러지고 결함이 없을 때이다.[15)] 浩然之氣에 대해 以上의 說明을 다시 요약하면 다음과 같다. 浩然之氣는 道德的行爲가 쌓여져서 생겨나는 것으로 內在的 義와 관련된 것이다. 至大至剛한 것이며 正義와 人道에 配合됨으로써 養育될 수 있는 것이다.

孟子는 氣를 기르는 方法으로 氣를 재빨리 이르거나 그렇다고 잊어버려서도 禁物이라고 한다. 만약 氣를 조급히 기르려고 한다면 이는 마치 宋人이 벼이삭을 빨리 하기 위하여 뽑아 올리다가 그만 말려 버리는 결과는 초래한 것과 같다. 또 養氣할 것을 잊고 있으면 이것은 마치 논밭을 김매지 않는 사람과도 같다고 하였다.[16]

孟子의 浩然之氣에서의 「氣」란 孔子의 氣와 다르다. 孔子에 있어서 氣는 動物的 血氣, 勇氣, 志氣로 轉換하여 道德境界에 끌어 올린 것이다.[17] 孟子의 浩然之氣는 이 志氣를 다시 直으로 養하여 宇宙世界로 끌어 올린 「至大至剛, 塞於天地之間」의 상태에 到達하는 것이다. 孟子의 浩然之氣는 萬物 皆備於我의 神秘的 境地인 듯싶다. 이러한 氣는 人間社會의 道德的 實踐을 企하는 至大至剛의 氣이며 物慾的 行爲를 막고 물리칠 수 있는 神秘的 高次元의 世界인 것이다.

그러면 孟子가 말한 氣란 무엇인가? 心의 本體를 알려면 氣와 志를 밝혀야 한다. 金容沃의 견해에 의하면 氣란 人體의 기계적 물질이라고 한다.[18] 孟子는 志와 氣의 관계를 「志氣之師也」라고 하여 志는 氣의 장수이며 氣는 志의 병졸로 비유했다. 또한 氣와 體와의 관계를 「氣 體之充也」라고 하여 氣는 體의 채움이라고 하였다.[19] 이러한 관계에서 주도적이기는 하나 氣가 무조건 志를 따른다는 것은 아니고 서로 相互依存的인 관계를 맺고 있는 것으로 설명된다. 그 氣는 義와 道를 짝하는 것이므로 氣가 없으면 시들게 된다는 것이다.[20]

孟子는 氣를 잘 간직하는 方法을 말하였다. 夜氣는 밤사이에 정화되는 清明한 기운이다. 잠잘 때처럼 고요한 상태를 낮에도 보존해야 한다는 孟子의 「存夜氣」 方法은 매우 가치 있는 것이라고 할 수 있다. 存夜氣의 方法은 養氣의 소극적 方法이다. 孟子에 의하면, 사람이 仁과 義의 마음이 없는 것이 아니며 오직 잡아 지키면 가까운 데 있은 것이다. 아침과 낮 사이에 질곡하여 없어지지 않으면 夜氣가 더욱 맑을 것이며, 夜氣가 맑으면 아침의 기운도 더욱 맑고 깨끗해지므로 밝은 기상을 스스로 보게 된다는 것이다.[21] 이러한 存夜氣工夫는 李退溪의 敎思想이나 程子의 靜坐 등과 깊은 관계가 있다. 尹絲淳 교수에 의하면 「退溪에 있어서 敬의 條件은 窮理에 앞서 요구되는 學問의 條件일 뿐 아니라, 一心의 動靜을 左右(主宰)함으로써, 萬事를 行하게 하는 根本이 되는 條件이라고 까지 力說한다고 한다.[22] 孟子는 이처럼 後의 理學者들에게 기틀을 마련해 주었던 것이다.

## 3. 五倫과 孝悌의 實現

孔子의 孝悌思想을 이어받은 孟子는 「聖人 人倫之至也」[23]라고 하면서 人倫을 重要視했다. 그는 人性에 의해 五倫과 孝悌가 形成될 수 있음을 다음과 같이 말했다.

> 사람에게 道가 있음에, 먹는 것을 배불리 하며 입는 것을 따뜻하게 하여 편안히 살면서 가르침이 없다면 곧 짐승에 가까우므로 聖人이 근심하시어 契로 하여금 司徒로 삼아 가르치되 人倫으로써 하시니, 父子는 親함이 있으며, 君臣은 義가 있으며, 夫婦는 分別이 있으며 長幼는 차례가 있으며 朋友는 믿음이 있는 것이다.[24]

이러한 五倫은 孟子가 처음 제시한 것이 아니다. 당시의 전형적인 社會倫理로서 人間社會의 대부분을 망라한 포괄적인 規範이다.

「書經』舜典에 보면 五典 · 五常 · 五教라 하여 父子, 君臣, 夫婦, 長有, 朋友關係를 말하고 있다. 『中庸』章句에도 君臣,

父子, 夫婦, 昆弟, 朋友에 대한 다섯 가지를 말하고 있다. 孟子는 孔子의 孝悌思想을 이어 받았다. 가장 먼저 순수하게 발생되는 孝는 자식이 부모에 대한 愛情에서 나온 행위이다. 孟子는 「人則孝 出則悌」[25]라는 말을 하였다. 이 말은 『論語』에도 나온다. 孟子의 五倫과 孝悌는 先天的 性善의 實踐規範으로서 家族倫理가 근간이 되고 있다. 먼저 五倫에 대해서 알아보기로 한다.

孟子는 「父子有親, 君臣有義, 夫婦有別, 長幼有序, 朋友有信」을 人倫의 代表的인 것으로 記述하고 그 첫째인 「父子」라고 하는 血緣關係와 이를 維持, 縱橫으로 확대 적용하였다. 이와같은 五倫은 儒家가 인간을 社會的 存在로 把握한 것을 立證한 것이라고 볼 수 있다.[26]

그러면 첫째로, 五倫중에서 核心이 되는 父子有親이 무엇인가 알아보기로 한다. 孟子는 섬기는 일 중에서 어버이를 섬기는 일이 가장 중대하다고 하였다.[27] 우리 집 노인 어른을 공경하는 마음을 미루어 남의 집 노인 어른을 공경하라고 한다.[28] 이는 惟恩思想이다. 내 집 어른과 남의 집 노인 어른이 다 똑같다는 의미는 아니다. 내 부모를 親愛하는 마음을 미루어 다른 사람의 부모를 사랑하고 사람 사랑하는 마음을 미루어 萬物을 아껴주고 사랑하는 것이다. 孟子는 推及 擴大하는 倫理를 『詩經』에서 引用하여 말하였다. 「나의 처에 대한 사랑을 본으로 삼아 형제에게 미치게 함으로써 집과 나라를 다스린다 하니 이 詩의 말은 이 마음을 가지고 저 사람에게 더한다는 것이다」[29]라고 하였다. 이 말은 나와 친근한 사이에 있는 대상 즉 혈연집단인 가족에 대한 사랑의 마음씨를 그 대상에게만 머무르지 않도록 들어 올려서 또 다른 사람에게 베풀어나가야 한다는 것이다.

孟子는 父子와 君臣을 內外로 規現하여 「집안에서는 父子요, 밖에서는 君臣이 사람의 大倫이다」[30]고 하였다. 이러한 그의 倫理는 父兄의 肉親을 보다 친애하고 존중하는 家族主義와 봉건적 等殺主義에 그 토대를 두고 있다.[31] 즉 나만을 위해서도 안 되고 모든 사람을 똑같이 생각해서도 안 되는 것이다. 내 가족이 있고서 다른 사람이 있으며 내 부모가 있고서 남의 부모도 있는 것이다. 그러므로 孟子는 「楊氏 爲我是 無君也, 墨氏 兼愛 是 無父也 無父無君 是禽獸也」[32]라고 하였다. 부모도 모르고 임금도 몰라보는 것은 새나 짐승의 무리와 같다고 한 것이다. 孟子가 楊朱와 墨翟을 異端으로 단정하고 배척한 것도 자기의 부모와 남의 부모와 구별됨 없이 同一하게 대하려 함과 또 나라의 임금도 모르고 자기만을 위하여야 한다고 주장했기 때문이다.

五倫의 核心의 家族關係 특히 父子間의 倫理에서 시작하여 사회, 국가로 확대 推及되어 간다고 보아야 할 것이다. 父子有親은 倫理의 발생 始原이라고 볼 수 있다. 사람, 사람이 자기 親族을 친하고 자기 兄長을 공경하면 天下가 和平하여질 것이다.[33] 이와 같이 家族愛를 바탕으로 擴充되어가는 父子有親이 良知良能인 天倫이다. 「孩提之童無不知愛其親也及其長也 無部知敬其兄也」라고 말했듯이 孟子는 性善의 立場에서 父子有親을 强調한 것이다.

둘째로, 君臣有義에 대해서 살펴보기로 하다. 孟子는 「義로우면서 그 임금을 뒤로 하는 사람은 없다」[34]고 주장하였다. 孟子는 특히 堯舜을 모범으로 삼고 「임금이 되고자 하면 임금의 道理를 다하고, 신하가 되고자 하면 신하의 道理를 다 할 것이니, 두 가지를 다 堯舜의 法으로 할 뿐이다. 舜임금이 堯임금을 섬기는 것처럼 임금을 섬기지 않으면 그 임금을 공경치 않는 것이다. 堯임금이 백성을 다스리지 않으면 그 백성을 해롭게 하는 것이다」[35]고 하였다. 그는 또한 임금을 섬김에 義가 없고 나아가고 물러옴에 禮가 없고 先王의 道가 그르다고 하는 것은 답답함과 같다고 하였다. 신하가 어려운 일로써 임금을 책하여 堯舜과 같은 임금으로 만들 것을 강조하였다. 착한 道로 임금의 간사한 마음을 금하게 하고 오직 그 임금이 잘못된 곳으로 빠질까 두려워하는 자로 임금을 공경함이 지극한 것이라고 한다. 그 임금이 착한 도를 행치 못할 것이라 하여 告하지 않는 자는 그 임금을 심히 해롭게 한다는 것이다.[36)]

以上 살펴 본 君臣有義는 孟子 生存 當時의 時代가 封建君主時代였기 때문에 오늘날의 국가와 국민의 관계로 바꿔 적용하면 無理가 없을 것이다.

셋째로, 夫婦有別에 관해서 알아보기로 한다. 孟子는「동쪽집의 담을 넘어 그 처녀를 끌면 아내를 얻고, 끌지 아니하면 아내를 얻지 못한다면 끌겠느냐」[37)]고 하면서 夫婦가 맺어지는 과정의 禮의 重要性을 말하였다. 孟子는 婚姻을 강조하여 婚禮를 중시했다. 獨身生活과 禁慾生活은 권하지 않았다. 재물을 좋아하고 色(아름다운 여자)를 좋아하는 情을 끊을 것이 아니라「與百姓同之」[38)]할 것을 이야기했다. 孟子는 男女居室을 人之大倫으로 생각했다.[39)] 그래서 그는 自身을 모시는 이 數百人인 것은 뜻을 얻더라도 하지 않겠다고 하였다.[40] 그는『詩經』을 인용하면서, 아내에게 법도를 세워 형제에게 이르게 하고 집과 나라를 다스릴 것을 주장했다.[41] 그는 取妾하는 法度를 말하였다. 妾으로써 아내를 삼지 말 것을 강조했다.[42]

孟子는 舜이「不告而娶」[43] 한 예를 들어 부부가 家統을 계승하여 자식된 도리를 다 할 것을 力說하면서 夫婦生活이 大倫임을 명확히 밝혔다. 그리고 당시의 禮에는 사내와 계집이 친히 주고받지 않는 것이 權이라고 하였다.[44] 生存이 위급한 상황에서는 權道로 사용하는 것이 義로 이해될 수 있음을 말한 것이다. 孟子의 夫婦有別은 大倫의 立場에서 선 法度를 강조한 셈이다.

넷째로, 長幼有序에 대하여 알아보기로 한다. 孟子는 사람마다 그 親한 이를 親히 하여 그 어른을 어른으로 모시면 天下가 平安해 질 것이라고 말한다.[45] 이것은 長幼有序의 도리를 가까운 곳에서 구하고 그것을 넓혀서 天下의 질서를 도모하고자 하는 思想이다. 그는 자기 집 어른을 존경하는 마음으로 남의 어른을 존경하며 자기 집 어린이를 사랑하는 마음으로 남의 어린이를 사랑한다면 세상을 쉽게 움직일 수 있다고 하였다.[46]

또 孟子는 어른 앞에서 지켜야 할 태도로 「천천히 가서 어른의 뒤에 가는 것을 공손하다 이르고 빨리 가서 어른의 앞에 가는 것을 공손치 않다고 이른다」[47]고 하였다. 어른 앞에서 경거망동하지 말고 겸손하게 윗 사람을 대하라는 의미이다. 이른바 孟子의 長幼有序는 다른 五倫과 마찬가지로 推及擴大해가는 從的 질서를 강조한 셈이다.

다섯째로, 朋友有信에 대해 맹자는 어떻게 생각하였나 알아보고자 한다. 孟子는 信을 定義하여 「有諸己謂信」[48]라고 하였다. 이는 성실하고 착한 것을 말함이다. 벗을 사귐에도 성실하고 착한 마음으로 사귀어야 함을 암시하는 말로 해석할 수 있다. 그래서인지 孟子는 責善이 朋友有信임을 말하고 있다.[49]

孟子는 벗에게 믿음을 받으려면 어버이를 섬기는 데 기뻐해야 한다고 주장하였다.[50] 孝와 관련해서 朋友有信을 이야기 한 것이다. 孟子는 萬章이 벗을 사귀는 道를 물으니, 「나이가 먹은 것을 자랑해서는 안 되며, 자기 신분이 귀한 것을 자랑해서는 안 되며, 형제가 권력 있음을 자랑하지 말고 사귀어야 할 것이다. 벗이라는 것은 그 德을 벗하는 것이니 결코 자랑하지 말아야 한다」[51]고 대답하였다. 孟子는 天子로서

匹夫를 벗한 최선의 예로 堯와 舜의 교제를 들었다. 不挾貴한 교제가 友道임을 주장한 孟子는 貴貴尊賢이 같은 意義가 있음을 말하여 身分秩序와 道德秩序의 一致를 주장하였다.[52] 萬章이 그의 스승 孟子에게 交際하는 것은 무슨 마음이냐고 물으니 「恭也」라고 대답하였다. 공손한 마음으로 사귈 것을 강조한 것이다.[53]

孟子의 五倫之道는 모든 人倫을 代表한 實踐規範이며 孝悌가 그 기본이다. 家族關係의 倫理를 근간으로 해서 縱的 橫的 사회윤리에로 擴大한 것이다. 지금부터 孝悌에 관해 알아보기로 한다.

사실상, 儒家에서는 孝와 悌를 매우 중요시하고 있다. 가장 먼저 순수하게 발생되는 孝는 자식이 부모에 대한 愛情에서 나온 行爲이다. 孝는 縱的 인간관계의 시발점이요, 悌는 橫的인 모든 道德의 출발점이 된다. 孝란 자기 犧性을 바탕으로 온갖 官能的이고 利己的인 欲求를 극복해 가면서 부모의 뜻을 따르는 것이다. 어버이가 살아계실 적에 禮로 섬기고, 돌아가시면 禮로써 장사지내고 禮로써 제사지내면 孝라고 할 수 있다.[54]

孝란 부모의 뜻을 따라 순종하면서 그 心志를 봉양하는 것이다. 이는 養志의 뜻도 있으니 精神的인 孝養을 말함이요, 입과 몸을 봉양하는 육체적 봉양은 동물도 할 수 있으므로 孝에 포함시키지 않는다. 孟子는 曾子의 孝를 예로 들어 설명하였다.[55] 不順은 親子關係에서 도리가 아니다. 자식다운 노릇을 하려면 부모에게 순종해야 한다. 그러므로 어버이에게 얻지 못하여서는 사람이 될 수 없고 어버이에게 順하지 못해서는 아들이 될 수 없는 것이다.[56] 부모에게 順應하는 것이야말로 孝道이 것이다.

어버이의 과실에는 경중이 있다. 큰 과실이 있는데도 이에 대한 是正을 바라지 않으면 어버이를 他人 취급하는 것이 되고 어버이의 과실이 적은데 원망하면 이것은 旗幟(어떤 목적을 위해 내세우는 태도나 주장) 못한 것이다. 더욱 疏遠하게 하는 것도 孝가 아니요, 旗幟 못하는 것도 孝가 아니다.[57]

온갖 역경 속에서도 부모의 뜻을 거역함이 없이 자식의 도리를 다하여 가정을 화목케 하고 드디어 부모로 하여금 자식의 孝心에 감복케 한 舜임금은 大孝로 숭앙되고 있다. 孟子는 「堯舜之道 孝悌而也」[58]라고 하면서 孝悌의 모범으로 삼고 있다. 그는 大孝에 대하여 말하기를 「舜임금이 어버이를 섬기는 道를 다하매 고수가 기뻐하니, 고수가 기뻐하는 것은

天下를 敎化하며 天下가 父子되는 것이 定해지니 이것을 大孝하고 한다」[59]고 하였다. 이는 완악하기 이를 데 없는 고수가 계모와 이복동생인 象과 결탁하여 舜을 죽이려고 하였지만 孝心이 지극한 舜은 오히려 부모와 동생인 象을 위하는 마음이 극진했기에 위와 같은 大孝에 이르게 된 것이다.

孟子가 性善說을 크게 주장한 까닭도 堯舜의 孝悌에서 지대한 영향을 받았다고 해도 과언이 아니다. 그가 「堯舜 性者也」[60]라고 하고 「道性善言必稱堯舜」[61]이라고 칭송한 것으로 봐도 그 性品을 잃지 않고 닦아서 大孝에 이른 堯舜을 얼마나 孝悌의 모범으로 삼았는지 짐작할 수 있다.

孝는 死後에도 변함이 없어야 한다. 孟子는 살아계실 때에 봉양하는 것은 큰일이라고 할 것이 못되고 다만 돌아가셨을 때에 葬送하는 일이 큰일이라고 한다.[62] 君子는 天下를 위하려고 해도 그 어버이에게 쓰는 것을 아끼지 않는다고 한다.[63] 그는 死後의 孝에 대한 例를 「曾晳嗜階羊棗 而曾子 不思食羊棗」[64]로 들었다. 이것은 曾子가 그 아버지가 살아 있을 때 즐겨먹던 양조를 아버지가 죽은 뒤에 먹으려 할 때는 반드시 그 아버지를 생각해 차마 먹지 못했음을 이야기한 것이다.

孝가 지극한 사람은 스승을 배반하지 않는다. 數十 年동안이나 모시고 가르침을 받던 스승이 사망했다고 해서 바로 그 스승을 배반하는 것은 야만인의 所行이다.[65] 孔子가 사망하였을 때 그의 門人들이 父母喪을 당했을 때와 마찬가지로 孔子의 무덤 옆에 墓幕을 짓고 3년 동안 居喪을 치른 것도 孝思想이다.

그러면 悌란 무엇인가? 悌는 孝의 연장이며 형제간의 橫的 사랑이다. 悌의 意義가 잘 나타난 孟子의 말을 빌리면 「밥을 주면서 사랑하지 않으면 돼지로 여기고 사귀는 것이요, 사랑하면서 공경하지 않으면 짐승으로 여기고 기르는 것이다. 공경이라는 것은 幣帛을 바치지 않았을 때부터 갖는 마음이다.[66] 그러므로 物質的인 것은 恭敬之心보다 앞설 수 없는 것이다. 「出則悌」란 長者에 대한 恭敬之心의 태도이며 孝와 더불어 五倫의 中心이 되는 것이다. 悌의 자세에 대하여 孟子는 말하기를 「공손한 사람은 남을 업신여기지 아니하고 검소한 사람은 남의 것을 빼앗지 않는다. 남을 업신여겨 빼앗는 임금은 오직 順하지 않을까 두려워하는데 어찌 공손하고 검소하다고 할 수 있으리요? 공손하고 검소함은 부드러운 말씨와 웃는 낯빛으로 되는 것이 아니다」[67]고 하였다. 이는 悌

의 思想을 끌어내 가식적 공검 태도를 공박한 것이다. 그러므로 사람을 禮로 대하여 答하지 않거든 그 敬을 반성해야 한다.(68)

이제까지 살펴 본 孝悌는 性의 실천규범으로서 五倫의 근간이 되며 그 밑바탕에 仁義禮智가 合理化해주고 있다. 父母에 대한 孝와 敬이 仁義의 실상이며 친족에 대한 親愛와 長者에 대한 恭敬은 天下를 和平하게 하는 本原인 동시에, 孝悌는 良知·良能으로서 性善을 實現해 주는 實例이며 證明인 것이다.

### B. 荀子의 性惡說에 따른 道德的 修養

荀子의 修養論은 心을 中心으로 전개된다. 孟子가 心의 情을 근거하여 性善의 實現을 주장한 데 비하여 荀子는 心의 慮를 바탕으로 道德的 修養을 주장하였다. 知慮의 측면에서 「大淸明」과 「聖心」이 修養論의 核心으로 제시된다. 大淸明은 心體의 통제력을 전제로 사물을 바로 인식하는 문제를 다룬다. 聖心은 실천적 측면인 習에 의해서 形成된다. 大淸明과 聖心은 學問으로 연결된다.

荀子는 人性이 惡하므로 學問을 통해서 德을 形成하고 人格의 完成을 이뤄야 한다고 주장하였다. 荀子는 道를 制名之道라고 보고 名辭를 定하는 法을 말하였다. 思想의 혼란을 막고자 「正名」을 주장한 것이다. 思想의 혼란을 막는 것은 정치의 秩序와 直結된다.

荀子의 道德的 修養論은 결국 禮義의 實踐으로 귀착된다. 荀子가 말하는 禮는 그의 全思想을 包括하고 있고 그 범위가 廣大하다. 크게는 治國의 道에서부터 작게는 個人修養 · 生活敎育 · 飮食 · 起居의 禮節 等 포함되지 않는 것이 없다. 그러므로 本稿에서는 주로 道德的 修養의 측면에 重點을 두고 한정적으로 살펴보기로 한다.

## 1. 大淸明과 聖心

荀子의 大淸明은 明鏡止水 같이 맑고 고요한 마음의 상태를 말한다. 荀子는 마음이 고여 있는 물처럼 고요하면 세밀한 것을 밝힐 수 있고 사물의 이치를 살필 수 있다고 말한다. 이것은 어떤 獨立된 心體를 인정하고 知慮를 전제로 한다. 荀子는『解蔽篇』에서 偏見을 바로잡고 事物을 올바로 볼 수 있으려면 大淸明의 境地에 도달해야 한다고 주장하고 있다. 荀子가 大淸明을 묘사한 대목은 다음과 같다.

> 아직 道를 얻지 못하여 道를 求하는 자에게는 마음을 공허하고 전일하게 하여 고요함을 얻도록 일러 법칙을 삼게 할 것이다. 道에 따르고자 하면 空虛해야 할 것이요, 道를 실천하고자 하면 全壹하게 해야 할 것 이요, 道를 생각하고자 하면 고요하게 해야 분명해질 것이다. 道를 분명히 인식하고 그것을 실천하는 道를 체득한 사람이니, 虛하고 壹하며 靜을 얻은 것을 일러 大淸明이라 부른다.[69]

大淸明의 마음은 망령되게 動하지 않는다.「中正」의 마음에 도달한 地境이다. 지극히 고요한 가운데에 이르러 편벽되지 않는 마음이다. 最高의 平靜心이라고 볼 수 있다. 「靜」의 개념은 『大學』에서 「中」의 개념은 『中庸』에서 나온다. 荀子의 大淸明論은 儒家 傳統 思想을 계승하는 한편 黃老學派의 用語를 빌어 表現한 것이다. 荀子의 '虛', '壹' 등의 개념은 稷下 黃老學派에서 빌려온 것이다. 그러나 稷下 黃老學派에 있어서의 '虛'는 '마음에 간직함이 없음 [無藏]의 의미이었으며 '一'은 마음을 '뜻과 마음을 전일하게 하고' '둘로 나누어 쓰지 않음' [勿兩之]의 의미를 갖는 등 소극적 의미를 지닌 것이었다.[70] 荀子는 이러한 黃老學派의 극단적인 수양론을 유가적 이념과 결부시키면서, 인격 완성을 위한 중요한 장치로 도입하고 있다. 즉 稷下 黃老學派의 '虛一而靜'이 '損之'의 방법에 의존하는 것 이라면, 荀子는 유가 전래의 반복적이고 계속적인 쌓음 [積, 益]의 방법과 모순되지 않는 것으로 '虛一而靜'의 개념을 정립한 것이다.[71] 荀子가 「積」의 方法으로서 虛心·集中·靜正를 주장한 이면에는 「聖心」에 도달하기 위한 실천적 目標가 介在되고 있다.

荀子의 말에 의하면 「道義를 바탕으로 學問에 전심전력하고 사색하고 오래도록 善을 쌓아(積善) 쉬지 않게 한다면, 神明에 통하고 天地에 참여할 수 있다」[72]는 것이다. 積善하여

미뤄지는「聖心」의 境地에 대하여 荀子는 다음과 같이 말하고 있다.

> 흙이 쌓여 산이 이루어지면 비바람이 일게 되고 물이 고여 교룡이 생기듯이 善이 쌓이면(積善) 德이 이루어져 마음의 예지는 스스로 터득되고 聖心이 갖추어지는 것이다.[73]

이와 같이「聖心」은 실천적 측면인「習」에 의해 이뤄지는 것이다. 정성스러운 마음과 뜻이 없는 사람을 聖心에 도달할 수 없다. 묵묵히 한 마음으로 善을 쌓아야 한다. 君子처럼 한결같은 마음을 고수해야 하다. 마음을 오직 한 곳에 두고 精進하다보면 德이 쌓인다. 그 德이 몸에 배면 작은 것 이라고 밖으로 드러난다.

荀子는 사물을 봄에 있어서 의심을 품고 中心을 定하지 못하면 外物이 淸明할 수 없고, 내 생각이 淸明하지 못하면 사물의 옳고 그름을 분별할 수 없다고 한다.[74] 이미 虛壹하여 靜을 얻어 大淸明에 이르면 萬物을 通하는 까닭에, 일체의 形象이 보이지 않는 것이 없고 보면 說明 못할 것이 없으며 설명하면 질서가 맞지 않는 것이 없을 것이다. 방안에 앉아서 세계의 정세를 말할 수 있다. 오늘에 앉아서 아득한 옛날을 論할 수 있으며, 만물을 꿰뚫어 보아 그 실정을 알고 治亂의 자취를 더듬어 그 법칙을 안다. 天地를 다스리고 만물을 활용하며 위대한 도리를 재단하고 宇宙를 포괄한다.[75) ] 이는 大淸明의 境地에 도달한 大人에 관해 荀子가 밝힌 내용이다. 이어서 荀子는 「사람의 마음은 쟁반의 물과 같아서, 똑바로 놓고 움직이지 아니하면 그 물의 앙금은 아래로 가라앉고 위의 물은 맑고 밝아 얼굴의 수염이나 눈썹까지 보인다. 그러나 미풍이라도 불면 가라앉았던 앙금이 떠오르고 위의 맑은 물은 흐려져 큰 형태도 볼 수 없으니, 사람의 마음 또한 이와 같다」[76)]고 한다. 이는 고요히 일심전력으로 생각하면 精密해지고 빛이 內心에 가득 차서 大淸明의 境地에 이를 뿐만 아니라 마음에 가려지는 것이 없는 사람이 될 수 있다는 意味이다. 마음에 가려짐이 없는 人物로 孔子를 내세운다. 荀子는 孔子를 칭송하기를 「어진 마음과 뛰어난 지혜를 겸비한데다 마음에 아무것도 가려진 것이 없는 人物이었다」[77)]고 하였다.

荀子가 말한 「大淸明」은 神明의 主體인 心의 能力을 前提로 展開된 說이다. 道를 알고 道를 다스리며 五感을 다스리는 天君으로서의 心의 能力을 높이 산 認識論인 것이다. 荀

子는 마음을 육체의 君主요, 神明의 主體이므로 스스로 命令을 發하고 남의 命令은 받지 않는다고 하였다. 스스로 禁하고 스스로 부리고 스스로 빼앗고 스스로 取하고 스스로 行하고 스스로 그친다는 것이다.[78] 荀子의 大淸明論은 어디까지나 이러한 心의 能力을 절대적으로 신뢰한 바탕 위에서 주장된 理論이다.

大淸明의 실천적 측면인 聖心은 爲善으로 연결된다. 「구슬이 산에 있으면 草木이 윤기가 나 보이고 진주가 잠겨 있는 못은 물가의 언덕이 마르지 않는다. 爲善不積邪할진대 어찌 명성이 날리지 않겠는가」[79]라고 荀子는 말하였다. 積善 方法이 있다. 반걸음이라도 말을 떼지 않고서는 천리길을 가 닿을 수 없고 작은 여울이 모이지 않고서는 강이나 바다를 이룰 수 없는 것이니, 積善하여 德을 이루라고 권한다. 이렇게 되면 마음의 예지는 스스로 터득되고 聖心이 갖추어진다는 것이다. 이러한 荀子의 聖心論은 그의 爲學으로 연결된다.

## 2. 爲學과 正名

荀子는 사람의 性은 惡하므로 敎育을 통해서 이를 바로 잡아야 한다는 것을 여러 가지 사례를 들어 설명하였다. 사람은 자기가 처한 입장을 지혜롭게 가려서 學問에 精進해야 한다고 주장하였다. 學問에 精進하다보면 德이 쌓이고 그 德이 몸에 배면 반드시 外面에 드러난다고 강조했다. 荀子는 學問의 完成을 강조하였다. 학문에 정진함으로써 완성된 인격과 德望이 형성된다고 설파하였다. 가르치기만 하면 階層의 구별이 없이 다 훌륭하게 될 수 있다고 보는 孔子의 「有教 無類」[80] 思想을 계승하였다.

荀子는 名辭의 概念을 一定하게 함으로써 思想의 혼란을 막고자 하였다. 名辭의 制定의 必要性, 制定의 根據, 制定의 準則을 밝혔다. 그는 認識을 可視的 대상에 대한 經驗의 축적으로 보았다. 認識에는 感性의 認識과 理性의 認識이 있다는 것을 인정하고 그 우월성을 理性의 認識에 두었다. 荀子는 認識의 기준을 聖賢의 道에 두고 이에 벗어나는 일체의 思想, 일체의 학설을 용납하지 않는다.

荀子는 學問하는 法을 孔子로부터 이어 받았다. 孔子는 「종일토록 먹지 않고 밤새도록 자지 않고서 생각해 보았으나 아무 유익이 없는지라 배우느니만 못했다」[81]고 하였다. 먹지 않고 자지 않고 思索해 보았으나 아무것도 얻은 것이 없다는 말이다. 學問에 바탕을 두지 않은 思索은 雜念에 지나지 않는 것이다. 그러므로 學問을 먼저 익히라는 뜻이다. 荀子도 이와 같은 뜻의 爲學하는 말을 하였다. 「나는 일찍이 종일토록 思索에 잠길 일이 있었으나 잠간 동안 공부하여 얻은 것만 못하였다」[82]고 하였다.

荀子는 勸하기를 「거듭 외우고 이를 꿰뚫어 思索으로 通達함으로써 훌륭한 스승을 師事하고 體驗으로 터득하며 學問의 장애를 제거하여 이를 保持하라」[83]고 하였다. 荀子는 治氣養心術하는 方法중에서 스승을 얻는 것만큼 요긴한 일이 없으며 한마음으로 好學하는 것만큼 신통한 것이 없다고 했다.[84] 배우는 데 있어서 어진 이를 따르는 것보다 더 빠른 길이 없으니, 禮를 숭상하는 것도 그 다음에 할 일이다고 주장한다.[85] 이러한 주장들은 모두 師法을 重視하는 것들이다. 學問의 첩경은 스승의 익히는 바를 모방하는 방법이 제일이다. 師法優先主義를 荀子는 標榜했다.

荀子는 學問의 意義를 선비로 시작하여 聖人으로 끝이 난다고 보았다.[86] 學問追求가 전문지식의 습득에 있다고 보는 오늘날의 생각과 크게 다르다는 것을 알 수 있다. 荀子는 「옛날의 학자들은 오로지 자기 몸을 위해 학문을 하였건만 오늘날의 학자들은 남에게 과시하기 위해 학문을 한다」[87]고 탄식

했다. 학문은 修己하는 데 있다고 본 것이다.

荀子는 학문하는 태도를 밝혔다. 「반걸음이라도 쉬지 않으면 절룩거리며 가는 자라도 천리를 갈 수 있고, 흙을 쌓는데도 멈추지 않고 쌓아 가면 언덕이나 山을 이룰 것이다. 또 水源을 막고 사방에 물구멍을 터놓는다면 江이라도 능히 마르게 할 수 있다」[88]고 하였다. 뜻을 돈독히 하여 끊임없이 學問을 追求하다 보면 聖人이 될 수 있다는 뜻이다. 荀子는 말하기를 「學問하는 者가 배움에 견고하면 聖人이 되고 그렇지 못한 者는 무모한 백성이 된다」[89] 하였다. 道德的 意志가 견고해야 함을 말한 것이다.

荀子는 學問의 귀착점을 말하였다. 「비록 學問을 하면서 몸이 늙고 자식이 성장했어도 어리석은 자와 다를 바 없지만 이를 그칠 줄 모르면 이것은 망령된 사람이라 할 것이다. 그러므로 학문이란 귀착점을 배워야 한다. 귀착점이란 어디인가? 지극히 원만한 데에 그치는 것이다. 지극히 원만한 것이란 무엇인가? 聖王의 道理이다. 聖人은 倫理를 다했고 先王은 法度를 다 했으니, 이 두 가지를 다하면 天下 最大 원만한 德을 다한 것이다」[90]고 하였다. 荀子는 學問의 最高目標가 禮를 터득하여 實現하는 데서 끝이 난다고 보았다.[91] 荀子의

爲學은 결국 禮의 實現으로 歸着된다.

荀子는 道를 制名之道라고 보고 定하는 法을 말하였다. 그는 名辭를 바로잡아 論理의 秩序를 세우고자 하였다. 荀子는 어떤 行爲나 관계에 대해서 정확한 定義를 내렸고 이를 통해 「正名說」을 전개하였다. 正名思想은 荀子 以前부터 있었다. 中國 古代 사람들의 해석에 의하면 「倫理」란 人間的 道德原理를 가리킨다. 『荀子』書 臣道篇에 말하기를 "倫以爲理"라고 하였다. 「倫」은 「類」 또는 「序」로 해석되며 사람과 사람 사이의 관계를 가리키는 바, 父子, 朋友의 관계 等等을 말한다.[92]

孔子의 人倫은 「正名」에 기초한다. 『論語』 顔淵篇에 나오는 "君君, 臣臣, 父父, 子子"라는 것은 本是 「正名」 문제이다. 『孟子』 滕文公上篇에 나오는 "父子有親, 君臣有義, 夫婦有別, 長幼有序, 朋友有信"은 正名에 관한 이야기이다. 荀子는 「임금은 임금답고, 신하는 신하답고, 아비는 아비답고, 자식은 자식답고, 형은 형답고 아우는 아우다워야 하는 것은 하나의 道理이다. 농부는 농부답고, 선비는 선비답고 工匠은 공장답고 상인은 상인다워야 하는 것도 한 가지 道理이다」[93]라고 하였다. 荀子는 『正名篇』에서 인식론적 이론과 실제 문제를 다뤘다. 어떤 行爲와 關係 및 客觀的 存在와 實體에 대해서 이름을 制定하고 兩者가 一致할 것을 주장하였다. 存在와 關係의 문제를 名을 다룬 것이다. 荀子에 의하면「名이란 대상인 사물을 구별하는 것이요, 言辭란 명칭을 合해서 하나의 意味를 이해시키는 것이다」[94] 荀子의 名辭論은 言衆의 共感을 重要視한다.「名辭란 意味를 전달하는 수단이므로 뜻이 통하면 그것으로 足하며 그것을 다시 구구하게 만들면 姦惡한 것이 된다」[95]고 하였다. 荀子는 말을 分析해서 제 마음대로 설명을 만들어 名辭를 혼란시키고 민중을 의혹하게 만들고 論爭을 불러일으키는 것을 大姦이라고 주장했다. 이러한 行爲는 符節이나 度量衡을 속이는 죄와 같이 처해야 한다고 단호하게 주장하였다.[96] 荀子는 制名之道를 通하여 政治的 社會的 秩序와 統一을 企하였다. 荀子는 말하기를「王者가 名辭를 制定함은, 名辭가 정해지므로 사실이 分明해지고 名辭가 制定된 대로 잘 行해지므로 사람의 의사가 相通되기 때문에 民衆을 신중히 統一시킬 수 있다」[97]고 하였다. 名辭를 社會的 約束이라고 보는 立場에서 論한 내용이다. 正名論은 論理學의 기초로 認識論의 出發이다. 名辭란 概念을 言語로 나타낸 것이다. 荀子가 名辭制定의 必要性과 그 根據 및 準

則을 밝힌 것은 思想의 혼란을 방지하고 行政의 秩序를 세우고자 하는 意圖가 多分하다. 당시의 諸子들의 괴변이 正道를 그르치고 論理가 어긋나서 세상을 어지럽게 하였기 때문에 荀子는 名辭를 制定하였던 것이다. 荀子의 名辭論은 어디까지나 社會 現實을 떠날 수 없기 때문에 실제적인 理論이다. 荀子의 爲學思想이나 正名論은 그의 中心 思想인 禮論에 包攝된다. 禮의 實現 과정에서 必須的으로 要求되는 道理가 爲學과 正名인 것이다.

### 3. 禮義의 實踐

社會發展이라는 側面에서 보면 强制規範으로서 法律의 증가보다 自律的 禮義의 증가가 더 바람직하다. 禮를 강조하면 시대에 뒤떨어진 人間으로 오해받는 현실에서 荀子의 禮論을 밝혀보는 일이 자못 意義 깊다고 볼 수 있다.

먼저 「禮」를 文字面에서 보면 「示」와 「豊」이 合해서 이루어진 글자이다. 說文을 通해 보면 「示」는 「神事也」라 하였고 「豊」은 「曲」과 「豆」로 구성된 바 「曲」은 「象器曲受物之形也」라 하였고 「豆」는 「古食肉器也」라고 하였다. 禮의 기원은 원시 농경사회에서 天地神明에게 풍성한 제물을 차려놓

고 祈願하는 祭祀의 行事에서 연유되었음을 알 수 있다.[98)]

禮를 天道에 의거하여 생각해왔던 관념을 孔子가 근본적인 개혁을 하였다. 孔子는 禮를 義에다 포함시켰고, 한 걸음 더 나아가 禮를 仁에다 포함시켰다. 이러한 理論을 通하여 禮 자체는 儀文과도 달랐을 뿐만 아니라 또한 禮의 기초 역시 天에 있지 않았고 인간의 자각심 또는 가치의식에 있었다.[99)] 孔子는 禮를 모르면 人間社會에 存立할 資格이 없음을 말하였다.[100)] 荀子는 특히 孔子의 「克己復禮」·「博文約禮」[101)] 思想을 계승하여 社會生活의 規範으로 확대하였다. 禮에 대한 論議가 『荀子』書 대부분에 걸쳐 전개되고 있다.

荀子는 말하는 禮는 多樣한 意味를 가지고 쓰여 졌다. 禮義, 禮節儀式, 統治制度 等 그 포괄 범위가 매우 넓다. 荀子는 文飾과 合理性을 統一하는 최고 규모가 禮라고 보았다. 禮는 人道의 극치라고 주장했다. 荀子는 禮를 宇宙의 原理로까지 높였다. 그의 말에 의하면 「天地가 和合하고 해와 달이 번갈아 비추고 四季가 차례대로 가고, 별들이 한결같이 運行하고, 江河가 流通되고, 萬物이 昌盛하고, 好惡의 감정이 조절되고, 喜怒의 감정이 마땅함을 얻게 되는 것이다. 또 아랫사람이 되어서는 順從하고 윗사람이 되어서는 公明正大하며, 萬物

에 변화가 있되 어지럽지 않은 것이다. 여기에서 괴리되면 멸망하니 禮가 어찌 최상이라고 하지 않으랴!」[102]고 하였다.

荀子는 禮의 기원이 人間의 欲望을 節制하고자 하는 데서 始作되었다고 보았다. 先王이 사랑의 欲望을 一部 만족시키며 一部는 절제해서 사회의 질서를 바로 잡고 分義를 定하기 위해서 禮가 制定된 것이다. 荀子의 禮의 起源論은 다음과 같다.

> 禮는 무엇 때문에 생긴 것인가? 말하자면, 사람에게는 나면서부터 欲望이 있는데, 욕망을 채우지 못하면 이것을 추구하지 않을 수 없고 추구하는 데 절제와 한계가 없으니 다투지 않을 수가 없게 된다. 다투면 어지러워지고 어지러워지면 궁해진다. 先王들은 그 어지러워짐을 싫어하여 禮義를 制定함으로써, 이를 분별하게 하였고 사람들의 욕망을 길들였으며 사람들이 구하는 바를 공급해주었다.[103]

禮論은 荀子思想의 기반이다. 性惡論도 여기서 파생되었다. 위에서 언급한 禮의 起源論을 보면 人性이 欲望을 추구하므로 惡하다는 意味가 포함되어 있다. 欲望을 矯正 調節하고 天下를 治平하기 위해서는 先王의 制度가 기준이 되어야 한다는 것이다. 이러한 先王의 制度는 바로 禮의 기준이 된다. 즉 先王의 禮가 기준이 된다는 말이 된다. 여기에 문제점이 있다. 先王의 禮가 절대적 기준이 될 수 있느냐는 문제이다. 先王이 초월자가 아닌 이상 無謬한 禮를 制定할 수는 없는 것이다.

荀子는 禮義에 세 가지 중요한 作用이 있다고 보았다. 分·義·節의 문제이다. 分은 禮의 가장 중요한 작용으로 亂을 治에 이르게 한다. 分만으로는 禍亂을 막는데 부족하므로 養의 보조가 필요하게 된다. 養은 分에 合해져야 한다. 禮에는 分과 養의 作用 以外에 節이 있다. 人情에 禮文을 세우는 것이 節의 大原則이다.

荀子가 말한 分·養·節에 관해 순서대로 알아보면 다음과 같다. 「分」은 禮의 분별하는 작용을 말함이다. 貴賤이 명백하고 等差가 분명하며 秩序와 順序가 있어야 함을 말한 것이다. 禮의 秩序를 通하여 亂을 治에 이르게 하는 것이다. 賢愚·老少·貧富의 差異를 확립하여 일사불란한 조직 사회를 目標로 하고 있는 것이다. 荀子는 身分階級의 질서를 중요시하였다. 身分에 따른 分業도 중요시하였다. 先王이 制定한 禮에 따라 身分的 秩序를 지키고 그 맡은 직무를 다 해야 하는 까닭에 禮란 하나의 分別이다. 荀子는 分에 대해서 말하기를 「先王들이 어지러움을 싫어하여 禮義를 제정함으로써, 이를 分하였다」[104]고 하였다. 이러한 分別이란 「말하자면 귀천에 등급이 있고 어른과 아이에 차별이 있으며 빈부와 輕重에 모두 일컫는 바가 있다는 것들이다」[105] 사람의 욕망에는 한계가 없어서 분쟁이 일어나면 평화가 깨진다. 여기에 等差의 기준을 定하여 節制를 도모할 必要가 생긴다. 사람들의 욕망을 길들여서 재물이 욕망으로 因하여 바닥나지 않게 해주어야 한다. 欲望과 節制의 調和가 바로 禮의 「養」의 作用이다. 分으로만 亂을 막을 수는 없기 때문에 「養」의 보조가 필요하다.

荀子는 禮의 養 作用에 대해서 다음과 같이 말하였다. 「그러므로 禮라고 하는 것은 길러주는 것이다. 갖가지 고기반찬과 밥으로 다섯 가지 맛을 조화시키는 것은 입맛을 길들이기 위함이다」[106] 荀子는 이어서 양념은 코의 감각을 길들이고, 편안한 환경은 몸의 습관을 길들이기 위하여 있는 것들이라고 말하였다. 君子가 이러한 것들에 길들여지면 그 分別을 좋아하게 된다는 것이다.

荀子는 禮의 「分」과 「養」이외에 「文飾」이라는 말을 많이 사용하고 있다. 이 文飾이라는 말은 그 원뜻이 文化性 혹은

外形美라는 뜻이다.[107] 荀子는 文飾이 번다하고 性善이나 實用에 있어서 간략하다면 이는 禮가 융성한 것이라고 하였다.[108] 禮가 中道를 얻으려면 文飾·性情·實用이 서로 안팎이 되고 겉과 속이 되어 병해야 한다고 주장하였다.[109] 文飾은 禮를 빛내는 역할을 한다. 萬民의 情緖를 통일해주고 人和를 도모하고 건전한 기풍을 길러주는 작용을 하는 것이다. 文飾은 儀式의 重要性과 音樂의 感化力을 重要視한다. 文飾은 禮의 節의 작용에 속한다.

荀子는 말하기를 「禮란 긴 것은 끊어주고 짧은 것은 이어준다. 넘치는 것은 덜어주고 부족한 것은 더해준다. 사랑하고 존경하는 마음을 禮로써 치장해줌으로써 도의적인 行爲의 아름다움을 完成시켜주는 것이다」[110]고 주장하였다. 禮의 節의 作用을 역설한 것이다.

荀子는 喪禮에 대해서 세밀하게 說明하고 三年喪을 禮에 맞게 치룰 것을 力說하였다. 孔子는 부모의 喪事에는 마음을 극진히 할 것을 강조하면서 三年喪을 定하게 된 이유를 밝혔다. 孔子에 의하면 三年喪이란 자식이 三年 後에야 부모의 품속을 떠나기 때문에 三年으로 期限을 정했다는 것이다.[111] 孟子는 三年喪을 극진히 할 것을 주장하였지만 그 理由를 밝히지 않았다. 荀子는 三年喪에 대하여 修飾의 개념으로 설명하였다. 「人間의 感情을 헤아려 여기에 修飾을 세운 喪禮의 제도로써, 이것으로 공동생활을 修飾하고 가까운 사람 먼 사람 귀한 사람 천한 사람 등을 대하는 예찬의 구별을 명백하게 세워 조금이라도 더할 수도 없게 되어 있는 기간이다」[112]는 것이다. 荀子는 三年喪을 만들어낼 法度인지 알 수 없으나 百王이 지켜 온 萬世의 法則이라고 보았다. 荀子는 禮의 形式的 側面을 어느 누구보다도 强調한 儒家 哲學者이다.

## C. 孟子와 荀子에 있어서 道德主義의 具現 比較

孟子와 荀子 두 사람의 實踐道德은 孔子의 「人能弘道」 思想을 계승한 것이다. 孔子는 「사람이 道를 넓히게 되는 것이지 道가 사람을 넓히는 것이 아니다」[113]고 하였다. 孟子는 內面的 主觀的 立場에서 道德主義를 재정비 하였다. 孔子와 孟子는 天의 권위를 道德의 기초를 삼았다. 荀子는 天의 권위를 부정하고 「天과 人의 分離」를 선언하였다. 人間의 존엄성은 禮에 의해서만 유지된다고 하였다.

孟子는 孔子의 思想을 충실히 繼承하여 仁義的 道德主義를 표방하였다. 荀子도 역시 孔子의 전통을 계승하여 法治의 효과를 내는 禮治的 道德主義를 제시하였다. 兩者가 道德社會를 具現하고자 한 意圖는 같았으나 그 具現方法에는 次元이 달랐다.

孟子의 노력은 인간의 本性에 있는 道德的 가능성을 토대로 하여 人格完成과 理想社會를 具現하려는 데에 있었다. 荀子는 반복적인 習의 힘에 의한 道德的 實踐을 강조함으로써 人格完成과 道德社會를 實現하고자 노력을 경주하였다. 「道德知」 面에서 兩者를 比較해 보면, 孟子는 「生而知知」한 道

德知를 重視했고 荀子는 「學而知之」한 道德知를 力說했다고 볼 수 있다. 孟子가 人間心性에서 우러나오는 情意的 측면에 근거하여 人格完成의 길을 주었다면, 荀子는 知慮의 측면을 바탕으로 하여 人格修養의 길을 제시하여 주었다.

孟子는 心體 그 자체에 固有한 傾向性인 「性」을 인정했으나 荀子는 그러한 경향을 心體에 인정하지 않았다. 孟子의 道德社會는 道義를 指向하는 「性」의 힘을 擴充함으로써 具現된다. 荀子의 道德社會는 그 자신이 惡이라 規定하였던 「性」과 「知慮」의 합동작용과 더불어 반복적 실천을 강화해야만 實現된다.

人性의 實現과 修養을 兩者가 어떤 方法으로 제시하여 주었는가에 대해서 좀 더 자세히 比較해 보기로 한다. 修己治人의 실천적 측면에서 孟子는 求放心과 寡慾을 주장하였다. 物欲을 自制하는 修養을 함에 있어서 求放心과 寡慾하는 方法이 제시되고 있으나 이러한 方法은 消極的인 점이 많다. 荀子도 修心하는 데 있어서 장애가 되는 것이 欲望이라고 본다. 孟子처럼 잃어버린 마음을 찾으려는 것이 아니라 마음에 가리움이 없는 大淸明의 境地를 追求하는 것이다. 荀子의 大淸明論도 消極的 要素가 있다. 그래서 荀子는 物欲을 自制하는 강력한 방법으로 天君인 心의 統制力에 기대를 걸었다. 兩者가 모두 物欲을 自制함으로써 道德的 修養을 도모했으나 그 追求 方向이 달랐던 것이다.

孟子와 荀子는 적극적인 治己養心法을 提示하였다. 바로 孟子의 養浩然之氣論과 荀子의 爲學論이 그것들이다. 孟子의 浩然之氣는 非道德的인 것은 拒斥하고 道義를 실현시키고자 하는 眞勇이요, 不動心의 한 方法이다. 荀子의 師法과 好學은 心機를 養生하는 方法이다. 孟子의 養浩然之氣는 神秘的이라면 荀子의 爲學과 正名은 人爲的이라고 볼 수 있다. 實踐的 側面에서 보면 아무래도 荀子의 주장이 더 現實的인 方法이라고 말할 수 있다. 兩者가 공통적으로 인식하고 있는 점이 없는 것은 아니다. 내면의 깊은 省察과 志操가 잘 修養되어 있다면 大勇(上勇)의 상태에 이를 수 있다고 兩者가 다 같이 주장하고 있다.

知信에 대한 두 사람의 견해를 비교하면 다음과 같다. 孟子는 道德的 分別知로서 知言을 이야기하였다. 孟子는 말하기를 「흔한 말에 그 가리운 것을 안다. 음란한 말에 그 빠진 것을 안다. 간사한 말에 그 떠난 것을 안다. 도피하는 말에 그 궁한 것을 안다」[114]고 하였다. 이것은 心의 體를 밝힌 경지로서 심의 한 표현인 언어를 통하여 內心의 상태를 인식하게 된다는 의미의 말이다. 荀子도 말하기를 「말하여 道理에 합당하면 知이다. 따라서 침묵의 의미를 아는 것과 말할 필요성을 아는 것도 같다. 말이 많아도 이치에 맞으면 聖人이다」[115]고 하였다. 兩者 모두가 內心을 德化시킨 者만이 能히 말을 잘 알 수 있다는 뜻으로 「知言」에 대해서 一致된 주장을 하였다. 이러한 知言은 『大學』의 格物致知와 그 方法이 相通하는 점이 많다.

孟子는 心志를 길러 仁義의 大道를 걷는 大丈夫論을 제시하였다. 그가 말한 大丈夫는 不動心의 소유자를 가리켜 말함이요, 浩然의 氣와 知言을 길러서 天地의 氣와 호흡을 같이 하는 大勇이다, 이는 功利主義者가 아니요, 道德的 理想主義이면서 血氣나 思辨에 치우치지 않는 사람이다. 集議를 통해 道德心이 투철해진 氣槪가 당당한 不撓不屈의 節槪人이다. 仁義禮智의 善德을 그 內心에 固守하는 大德人이다.

荀子는 『不拘篇』에서 光明正大한 知性人의 像을 묘사하였다. 不拘란 매사에 있어서 구차하게 어려운 일을 하거나 구차스러운 行爲를 하지 않는다는 말이다. 君子란 行爲에 있어서 구차스럽게 하지 말고 事理에 맞는 것을 가장 貴하게 여긴다고 한다. 명성에 있어서도 도척같이 구차스럽게 권하는 것은 貴하게 여기지 않는다고 하였다. 正義에 입각한 行動일지라도 때와 장소를 고려하여 바르고 온당하게 行하지 않으면 안 된다. 合理性에 근거하여 行爲하는 知性人像을 제시하고 있는 것이다.

이른바 孟子의 養浩然之氣論은 그에 의해 제창된 道德的 修養論의 최고의 경지이다. 氣가 天地之間에 가득차서 天人合一의 極致化된 경지에 도달한 자가 大丈夫이다. 大丈夫가 되려면 不動心해야 되고 不動心에 이르려면 集義와 知言에 의해서 養氣해야 한다. 이러한 養氣는 先天的 品性이 가리움이 없는 本心에 의해서 이뤄지는 것들이다. 모두 性善을 근거로 해서 주장된 孟子의 修養論이다.

荀子의 爲學과 禮論은 그에 의해 再照明된 道德的 實踐論의 核心 理論이다. 荀子는 『非十二子篇』에서 道德的 知性人이 갖추어야 할 것으로 信·仁·智의 德을 말하였다. 이러한 德을 갖춘 人物이라면 天下之心을 설복하여 포용할 수 있다는 것이다. 荀子가 내세우는 光明正大한 知性人은 必是 人爲인 學問과 禮義를 通達함으로써 이루어질 수 있는 道德的 人間像임에 틀림없을 것이다.

孟子와 荀子는 認識論에 대한 탐구보다 德性의 함양을 重視했으며 人格修養의 實踐原理로서의 道를 체득하고 실천하는데 궁극 목적을 두고 그들 나름대로 道德主義의 具現에 最大의 努力을 傾注했던 것이다.

# 結論

東洋의 儒家思想은 더불어 사는 社會를 목표로 하고 있다. 더불어 사는 社會를 實現하려면 人格至上의 倫理思想을 내세우는 儒家的 道德主義가 再照明되어야 한다. 現代와 같이 격렬한 갈등의 時期에 道德主義를 표방하는 孟子와 荀子의 倫理思想은 좋은 처방이 될 것이다.

孟子의 性善思想은 인간의 自已完成, 自我實現의 의무성을 높여준 理想的인 哲學이라고 규정될 수 있다. 荀子의 性惡倫理는 인간사회의 질서와 社會規範으로서 合理的인 哲學이라고 평가되어야 한다. 인간의 自覺能力과 道德的 實踐能力을 밝혀준 孟子의 理想과 인간의 自然狀態에서 文化, 道德狀態로 끌어 올림을 역설한 荀子의 사상은 相互補完되는 要素가 多分하다.

孟子의 性善說은 人間의 存在價値를 道德性에 두고 있는 人間觀이다. 道德을 實踐하기 위해서는 自律的 能動的 自由意志를 發揮해야 한다고 보면 人間을 性善으로 보아야 한다. 荀子처럼 人性의 本質을 性惡으로 본다면 統制와 獨裁에 偏向될 우려가 있다.

例를 들어 人間 管理 戰略을 세울 경우, 孟子와 같은 人性觀을 지닌 사람은 '부드러운 接近方法'(soft approach)을 導入할 것이다. 荀子와 같은 人性觀을 지닌 사람은 '강경한 接近方法'(hard approach)으로 人間 管理戰略을 세울 것이다. 이처럼 人性을 어떻게 보느냐에 따라 各其 다른 方案이 想定될 수 있다.

모든 政治行動의 方向도 善·惡 또는 正·不正의 理念에 의해서 좌우된다. 政治哲學은 이러한 善·惡 또는 正·不正이 人間의 政治行動의 指針이 된다는 前提下에서 成立된다. 그러므로 人間은 疑心의 여지가 없는 善 또는 正義가 무엇인가를 끊임없이 模索하게 된다.[1)]

政治哲學 뿐만 아니라 道德敎育에서는 人間의 本性을 善·惡 中 어느 것으로 보느냐에 따라서 엄청나게 달라질 수밖에 없다. 道德敎育의 方法에서 볼 때 인간의 性이 善하다는 원

리(개념)에서의 道德教育方法은 다르게 될 것이다. 孟子와 같이 人間의 本性을 善으로 본다면 윌슨(Wilson)처럼 人間의 概念을 道德原理로 주장할 수 있다. 공리주의자들은 人間의 本性을 惡이라고 본다.[2] 따라서 이들은 荀子처럼 本性의 위배를 惡이 아니라 善이라고 생각한다는 것이다.

우리는 道德的 行爲 및 實踐을 위한 動機附與에 관하여 두 가지로 나누어 생각해 볼 수 있다. 하나는 動機附與의 內在性(intrinsic motivation)을 中心으로 생각하는 것이고 다른 하나는 動機附與의 外在性(external motivation)을 中心으로 생각하는 것이다. 이와 관련하여 추측해 보면 孟子의 性善的 人間觀에 입각한 道德教育者는 動機附與의 內在性에 力點을 두어 道德的 行爲를 誘發시키고자 할 것이다. 荀子의 性惡的 人間觀에 근거한 教育者는 動機附與의 外在性에 重點을 두고 道德的 實踐을 誘導할 것이다.

儒家思想은 사람을 사람으로서 인정하고 사람을 토론의 대상으로 삼고 있을 뿐만 아니라 人性論의 中心이 되고 있다. 人性論에서는 人間의 本質을 論할 때 사회적·도덕적 품성이나 생리학적 성향을 善惡·智愚라는 추상적 기준에 따라 形而上學的으로 해석하는 특징이 있다. 따라서 현실의 사람을 언제나 理念的 모습으로 파악하게 된다.

啓明哲學者들의 본보기는 20세기 후반기의 우리에게 시사하는 바가 크다. 그들은 유행에서 탈락되다시피한 원시 유학 사상의 예지를 자기들의 思想形成에 밑거름으로 삼았다.[3)]

역사적 전환기였던 17·8세기에 불란서의 啓明 哲學者들은 「中國에 대한 論爭」을 격렬히 전개하였다. 이런 論爭은 불란서 뿐만 아니라 전 유럽을 소용돌이로 뒤덮었다.[4)] 드디어 儒家思想은 불란서 혁명의 기본 사상이 되었으니, 自由, 平等, 博愛思想이 바로 그 본보기이다. 특히 孟子와 荀子의 心性論은 그 礎石 自體가 現代와 同一하다. 孟子의 性善과 四端說처럼 경험적 人間生活에서 善端이 발로되는가 하면 荀子의 性惡과 人爲說처럼 惡한 心性의 나타남을 경험할 수 있다. 孟子와 荀子의 說은 人間性의 兩面을 나타낸 것이라고 볼 수 있는 것이다.

孟子처럼 일관성 있고 투철하게 性善論的 人間觀을 가진 思想家는 東西洋을 막론하고 드물다. 倫理學이 人間을 대상으로 하는 人間學이기 때문에 人性을 어떻게 파악하느냐에 따라 行爲의 處方도 달라진다. 이런 관점에서 볼 때 人性의 物性과 다름을 주장하고 人間의 존엄성을 是認 主張한 孟子

의 性善說은 理想的 實踐哲學이다. 人間의 善한 本性을 잘 들추어 그것을 擴充시키고자 여러 가지 修養方法을 具體的으로 提示한 實踐哲學인 것이다. 이 點에서 現代도 계속 유의 검토해 볼 만한 가치가 매우 크다고 볼 수 있다.

荀子처럼 師法과 禮의 實現을 强調하고 愛着을 가진 儒家哲學者는 흔하지 않다. 好利 貪慾하는 人間의 本性을 矯正시키기 위하여 敎育의 重要性을 力說한 荀子의 爲學思想은 오늘날에도 불멸의 가치를 발휘하고 있다. 人間의 善化를 目的으로 하고 있다는 點에서 孟子와 荀子는 一致하고 있다.

善한 言行은 善한 心性에서, 惡한 言行(非行)은 惡한 心性에서 나온다. 예컨대 '폭력'이라는 惡行은 '욱' 하는 衝動性에서 나온다고 보는 것이다. 우리의 敎育은 善性 개발과 惡性 추방 敎育에 나서야 한다. 다행히도 제6차 초등학교 · 유치원 교육과정을 개정함에 있어서 知識보다 人性敎育에 置重하고 있다. 孟子가 提唱한 存心養性論은 오늘날 누구에게나 실천 가능한 修養論이다. 그의 「求放心」은 「寡慾」論과 함께 物質萬能主義의 誘惑에 대하여 좋은 行爲 調節의 處方이 될 수 있을 것이다. 現代처럼 多變化되고 갈등의 時代일수록 孟子의 「浩然之氣」는 孤高한 不動心의 人格 修養方法이 될 수 있다. 國家의 指導者像으로서 「大丈夫」像은 새롭게 검토 부각시킬만한 人間像이며 어느 때보다 더 요청되는 修養論이라고 할 수 있을 것이다. 荀子의 「虛一而靜」의 修養論은 마음을 관리하는 훈련, 性品을 다스리는 훈련으로 적용하여 精神的 高揚을 企할 수 있겠다. 그의 「大淸明」論이나 「聖心」論은 精神的 훈련과 道德的 心性 훈련과 직결될 수 있겠다. 이 같은 개개인의 精神的 훈련과 心性 훈련이 축적될 때, 이는 점차 社會的 · 道德性으로 확산되어 나갈 것이며, 이내 우리 민족의 次世代 道德的 民族性으로 승화될 것이다.

孟子의 五倫과 孝悌思想은 오늘날과 같이 外來 西歐文明의 홍수 속에서 昏迷하고 가치관 타락이 심한 때에 영원한 人類 秩序의 原理가 될 것이다. 그의 平和主義的 大同思想은 오늘날 국제질서와 평화유지에 合致되는 思想으로서 마땅히 尊重되어야 할 것이다.

荀子의 正名思想은 民主主義 思想의 敎育에 導入되어야 할 것이다. 아직도 外來用語의 범람으로 行政用語가 統一되지 못하고 國民意識이 분열되어 있는 상황에서 名辭의 올바른 制定이 시급히 要求되고 있는 것이다. 荀子의 禮議論은 아무리 강조되어도 지나치지 않는다. 强制 規定인 法보다 禮

義의 효용이 더 바람직하다. 禮節教育이 소홀히 되고 있는 우리의 現實에서 禮에 의한 秩序教育은 先進國民으로서의 資質 함양에 큰 공헌을 할 수가 있을 것이다.

위와 같은 孟子와 荀子의 人性論은 지대한 意義가 있음에도 불구하고 論議의 素地가 多分하다. 孟子는 性善을 주장하면서 사람은 모두 나면서부터 善한 마음을 가지고 있다고 하였다. 이런 論旨에서 보면 세상에는 惡이 存在하지 않을텐데 실제로는 惡이 存在한다. 이에 대한 孟子의 說明은 미흡하다. 그의 大體小體論에서 보면 思惟하는 心만이 善이 된다고 하였는데 이러한 心은 仁義禮智를 버리고 생각하지 않을 수도 있으므로 惡의 原因이 될 수도 있는 것이다. 荀子의 心에 대한 理論도 孟子의 그것과 별 다를 바 없다. 心之官의 思慮를 通해 惡한 耳目之官의 欲을 통제할 수 있다고 보았는데 耳目之官의 欲은 사실상 善惡無記의 本能에 지나지 않고 生命 유지에 없어서는 안 될 귀중한 것이다. 論理的 판단과 意志의 選擇은 다른 것이다. 心之官의 思慮가 많은 사람보다 無知한 사람이 더 善한 사람인 경우가 있다는 것은 아무도 부정할 수 없다. 不善의 原因이 外的인 耳目之官의 物欲 때문이라고 보면 오히려 利己欲의 存立根據를 주는 것이며 方

法論上의 矛盾이 되고 있다.

孟子의 性善論은 혼란을 가져 올 여지가 있다. 그 예로 孟子는 心性情을 엄격히 구분하지 못한 점을 들 수 있다. 그는 「情인즉 善할 수 있다」고 하면서 性善說의 論據로 삼았고 「惻隱한 心은 仁이라」고 하면서 情과 心을 구별하지 아니하였다. 그리고 孟子는 「仁義禮智는 내가 본래 가지고 있는 것이지만 생각하지 않을 뿐이다」고 했는데 이 말은 仁義禮智의 本性이 바로 心이라는 의미가 포함되어 있다. 荀子는 孟子와 달리 性·情·心의 분리를 시도했다. 다만 情을 惡으로 본 점은 荀子의 論理가 無理인 듯 싶다. 情이란 孟子가 말한 것처럼 남을 측은히 여기는 善한 情도 있기 때문이다. 性·情·心이란 사실상 價値中立的인 것이다. 價値中立的인 사실에서 當爲的 存在原理를 이끌어내는 데에는 무리가 따를 수 밖에 없다. 孟子나 荀子 어느 누구를 막론하고 善惡無記의 存在를 가지고 倫理的 道德原理를 도출해낸다면 方法論上의 비약이 따르기 마련이다.

孟子는 性善을 증명할 때마다 經驗的 事例로 설명하고 있다. 不思之心을 갖고 있는 사람 누구나 어린아이가 우물에 빠지려고 하는 것을 봤을때 惻隱之心이 일어난다고 했는데,

이러한 단순사례로 性善의 原理를 이끌어 낸다는 것은 不完全한 類推일 뿐만 아니라 蓋然性을 면치 못할 우려가 있다. 그리고 만약에 원수의 아이가 우물에 빠지려는 것을 갑자기 보았을 때의 경우를 想定해 본다면 이 때에도 惻隱之心이 일어난다고 단정할 수 없을 것이다.

荀子는 人爲인 習과 積에 의하여 聖心에 이를 수 있고 光明正大한 知性人이 될 수 있다고 보았는데 과연 人爲에 의해서 善化될 수 있는 지 의문이 든다. 人性이 惡한 것이라면 聖人이라 해도 性惡한 까닭에 禮義法度를 만들 수 있을지 묻지 않을 수 없다. 人間은 도벽성이나 惡한 品性을 어느 정도 生來的으로 조상으로부터 전수받는다는 유전이론을 보더라도 人爲的인 學習에 의해서 얻는 효과도 限界性이 있다고 보지 않을 수 없다.

孟子와 荀子는 당시 봉건사회의 사회조직과 그들이 의도하는 봉건적 理想社會의 실현을 위하여 性說을 提唱한 것이기에 그 내용에 있어 봉건적 요소를 탈피하고 있지 못하다. 勞心者와 勞力者의 계급을 인정하고 禮秩序를 위해 等差를 강조한 점은 사회의 不平等 構造를 당연시 하는 思想에 惡用될 우려가 있다. 그러나 孟子와 荀子의 性說은 恒常的 價値

를 지니고 있으며 많은 部分이 오늘날의 理想과도 부합되고 있다.

孟子와 荀子의 人性論에 대해서 비교 검토하면 할수록 규명하기 어려운 문제들이 드러난다. 특히 그들의 生涯에 대한 信憑性있는 자료의 발견 및 人性論의 證明方法에 대해서는 더 자세한 考察이 요구되고 있다. 人間性은 東西古今을 通해 불변하고 있다. 어찌하든지 孟子와 荀子의 性說은 人間의 自己 完成, 自我 實現의 義務性을 높여 준 價値있는 哲學이라고 確認할 수 있을 것이다.

# ABSTRACT

A comparative study on the human nature of Mencius and Hsün Tzu

- with the focus on the realization of human nature and moral culture -

Lee Hi Seog

Major in Elementary Moral Education

Graduate School Korea National University of Education. Chung-Buk, Korea

Supervised by Professor, Lee Soo Yoon, Ph.D

This thesis is aimed to study Mencius' and Hsün Tzu's discussion of human nature.

On above basis of discussion, I developed a study of the realization of human nature and moral culture.

Most cultural studies of China having as their forerunner Confucius (孔子), After the Confucius, Mencius (孟子) and Hsün Tzu(荀子) of the Confucian schools, starting from the opposite ends, School, Mencius rejected another wicked ones by contacting the various virtues which are the essence of radiational thoughts of Confucian School into the human nature.

Mencius said, "The ability possessed by men without having been acquired by learning is intuitive ability, and the knowledge possessed by them without the exercise of thought is their intuitive knowledge." If anyone sees an infant about to fall into a well, then he will save it without thinking or hesitation. From the feeling proper to it, it is constituted for the practice of what is good. He maintained that every man has four limbs(the beginnings of human-heartedness, righteousness, propriety and wisdom) and if he develops these carefully, he may become a good man like Yao-Shun (堯, 舜), but if he doesn't, he may become an evile man like Zye-Zeou (傑, 紂).

In the beliefs of worship on Heaven(T' ien) the relationship between Heaven and Man let the political thought of Heaven's

Will come into view and that of Heaven's Will which got to have some interest on moral conciousness let the coherent relationship between Heaven and Man realized, and the thought of Heaven's was gotten birth. In this respect, the Heaven exists within the mind of Man and is presented as that of moral judgement of value,

The human nature is the moral essence of the human being formed by the principles of circulatory movement of Heaven and it has four virtous characters(love, justice, propriety and wisdom), which are almost the same as those of the Heaven.

Hsün Tzu's idea on Mandate of Heaven of Heaven (天命), unlike that of orthodox confucianist school, suggests that Heaven is naturalistic Heaven (自然之天), to say, Heaven itself has neither will nor personality, and it is the Heaven with purely naturalistic phenomena. So, it is not the Heaven what decides to control evil. Hsün Tzu suggested man should dread disasters by men rather than heavenly disasters, do his best, and take advantage of Heaven.

Hsün Tzu (荀子), in his Discussion of Human Nature,

suggested the original nature of man is, as an innate natural gift, evil. The evil means the biological instinct to seek sense organic desire. The nature of man is instinct. Hence the nature of sage is identical with that of ordinary man and that of sage Kings, Yao-Shun (堯舜) is not different from that of tyrants Zye-Zeou (傑紂). If man seeks the natural instinctive desire without continence, such evil conducts as struggles and banditry will happen. Hsün Tzu suggested that in order to control the original nature of man, man should make efforts to realize the goodness through man-made actions, Wei (爲).

What makes man good is the artificial Wei. While Wei is being made, civilities arise and rules are formulated.

Li (禮) are rules of proper conduct which give orders to the mass of man. It is necessary for man to adhere to Li. Without Li, his existence itself would be threatened.

The conclusion can be summarized as follows:

1. The best under stand Mencius true character is to regard him as an idealistic Succession of Confucianism.

Mencius holds the opinion that man's inborn nature is good,

that is, man has the potentiality to be good through posterior efforts.

As the method of the realization of human nature and moral culture, Mencius presented ‘holding one’s mind’ (求放心), ‘Suppressing one’s desires’ (寡慾), ‘developing one's four virtuous characters’ (四德擴充), ‘practice five ethics of the human relationships’ (五倫實踐), and ‘cultivating one's Supreme morale’ (養浩然之氣).

These efforts, when preserve and develop such good nature produce the realization of a moral society.

2. Hsün Tzu's true character is to regard him as a realistic wing of onfucianism.

Hsün Tzu has the viewpoint that man has innate natural gift, evil. The natural instinctive desires, which if not interfered, lead to conflicts and confused society. So he maintains that man should make efforts to realize the goodness through factitious actions.

As the method of moral culture, Hsün Tzu presented ‘a great clear and bright mind’ (大清明), ‘a holy mind’ (聖心), ‘for the sake of learning' (爲學), 'a term of just argument' (正名論), 'pratice a moral code' (禮義實踐).

On the basis of this moral culture, he mani fested that moral society which is to preserve and expand.

* A Thesis Submitted to the Committee of the Graduate School of Korea National University of Education in partial fulfillment of the requirement for the degree of master of Education in November, 1992.

## 감사의 글

알에서 깨어난 병아리처럼 粗野한 論文이지만 먼저 主께 榮光을 돌리며 감사드립니다.

孟子나 荀子의 주장을 옳게 分辨하지 못한 點은 계속 研究 精進할 것을 다짐하면서 그동안 도움을 주신 많은 분들께 謝意를 表합니다.

특히 本 研究의 主題 選定에서부터 內容 作成에 이르기까지 細心한 指導를 해주신 이수윤 교수님께 감사드립니다. 이수윤 교수님의 관심어린 聲援이 없었더라면 미숙하나마 本 論文을 마무리할 수 없었을 것입니다. 貴한 資料를 제공해 주시고 比較哲學의 方法을 안내해 주신 변규용 교수님께 감사드립니다. 설익은 論文을 일일이 검토 지도해 주신 남궁달화 교수님께 감사드립니다. 學問의 진보를 위해 誠實한 案內를 해주신 김택환 교수님, 한용원 교수님, 조성민 교수님, 한상우 교수님을 비롯한 大學院의 여러 교수님께 감사드립니다.

論文 資料를 收集하는데 수고를 아끼지 않은 동생 희중이

에게 고마움을 느낍니다. 文章 檢討를 해주신 김승현 선생님께 감사드립니다. 알게 모르게 協助해주시고 격려해주신 동료 및 친지 여러분께 謝意를 表합니다. 어려움 속에서도 뒷바라지에 애쓴 아내의 공로를 致賀합니다.

## 【각주】

### Ⅰ. 孟子와 荀子의 人性論의 形成 背景

1) 『孟子』, 滕文公下.
2) 『荀子』, 解蔽, 「道德之人 亂國之君非之上 亂家之人非之下」 및 榮辱, 「人之生固小人, 又以遇亂世, 得亂俗」.
3) 前揭書, 梁惠王上, 「曰, 庖有肥肉 廏有肥馬 民有飢色, 野有餓莩此 率獸而食人也」.
4) 上揭書, 滕文公 下, 「夫仁政 必有經界始」.
5) 『荀子』, 富國, 「是國之道 節用裕民 而善藏其餘 節用以禮 裕民以政」.
6) 『孟子』 梁惠王上, 「若民則無恒産 因無恒心」.
7) 李壽允, 「政治哲學」, (서울: 法文社, 1981), p.116.
8) 『孟子』, 滕文公下, 「臣弑其君者 有之 子弑其父者 有之」.
9) 上揭書, 「聖王不作 諸侯放恣 處士橫議 楊朱墨翟之言 盈天下」.
10) 上揭書, 「吾爲此懼 閑先聖之道 距楊墨 放淫辭 邪說者不得作」.
11) 『荀子』, 非十二子, 「略法先王而不知其統 猶然而材劇志大 聞見雜博 案往舊造說 謂之五行 甚僻違而無類 幽隱而無說 閉約而無解 案飾其辭 而祗敬之」
12) 『孟子』, 離婁下, 「則人之所 以求富貴利達者其妻妾 不羞也而不相登者變希矣.」
13) 『荀子』, 勸學, 「古之學者爲己 今之學者爲人」.
14) 司馬遷, 『史記』, 孟子 · 荀卿列傳에 명확히 기록하지 않았다.
15) 字가 子車(『孔叢子』 · 『漢書』 藝文志註), 子輿(『史記正義』) 子居(『急就篇』 顔師古註)라는 기록이 있고 秦漢시대의 기록에는 없으며 後漢의 趙崎가 「字를 들은 적이 없다」고 했다.
16) 孟子의 年譜는 정확한 기록이 없고 여기서는 狄子奇의 『孟子編年』과 元의 程腹心의 孟子 年譜에 따랐다.
17) 司馬遷, 前揭書, 「荀卿, 趙人, 年五十, 始來游學於齊」.
18) 鐘淸漢, 「儒家思想と教育」 (東京: 成文堂, 1991), pp.200-203.
19) 『孟子』, 梁惠王下, 「孟子之後喪 踰前喪......前以士 後以大夫」.
20) 馮友蘭, 「中國哲學史」, 鄭仁在 譯 (서울: 螢雪出版社, 1985), p.106.
21) 『孟子』, 滕文公下, 「彭更 問曰, 後車數十乘 從者數百人 以傳食於諸侯不 以泰乎? 孟子曰, 非其道則一簞食 不可受於人 如其道則舜 受堯之天下 不爲泰, 子以爲泰平?」
22) 『史記』, 本傳, 「春申君死而荀卿廢, 因家蘭陵」.
23) 梁啓超, 「中國文化思想史」,李民樹 譯 (서울: 正音社, 1983), p.118.

24) 金忠烈,「中國哲學史 序說」, (中國哲學論叢 I, 1984) p.44.
25)『論語』, 泰伯,「子曰 大哉 堯之爲君也. 巍巍乎唯天 爲大 唯堯則之」.
26)『孟子』, 滕文公上,「孟子道性善 言必稱堯舜」.
27)『荀子』, 非相.
28) 上揭書, 勸學,「不道禮憲 以詩書爲之, 譬之猶以指測河也, 以戈舂黍也, 以錐飡壺也 不可以得之矣」.
29) 上揭書, 非十二子,「案飾其辭 而祗敬之曰 此眞先君子之言也, 子思唱之 孟軻和之……以爲仲尼子游爲玆厚於世 是則子思孟軻之罪也」.
30) 梁啓超, 前揭書, p.117.
31)『孟子』, 盡心下,「由孔子而來 至於今 百有餘歲」.
32) 上揭書, 離婁下,「子 未得爲孔子徒也, 私淑諸人也」.
33)『論語』, 雍也,「子曰 雍也 可使南面 仲弓 問子桑伯子 子曰 可也簡」.
34)『論語』, 衛靈公,「子曰 君子義以爲質, 禮以行之」.
35)『論語』, 述而.
36) 上揭書, 顔淵.
37) 鐘清漢, 前揭書, p.195.
38) 馮友蘭, 前揭書, p.199.

## Ⅱ. 孟子와 荀子의 人性論 槪念

1) 方東美,「中國人의 人生哲學」, 鄭仁在 譯 (서울: 探究堂, 1991), p.87.
2) 梁承武, "孟子 性善說의 涵義에 對한 考察", 東洋哲學硏究會 編,「中國哲學思想論究」1 (서울: 驪江出版社, 1986), p.119.
3)『中庸』, 章句大全 首章,「天命之謂性」.
4) 馮友蘭,「中國哲學史」, p.55, 鄭仁在, "孟子의 天에 對한 考察", (碩士學位論文, 高麗大學校大學院, 1970), p.41에서 再引用.
5)『論語』, 公冶長,「夫子之言性與天道 不可得以聞也」.
6) 上揭書, 陽貨.
7) 上揭書, 季氏,「孔子曰 君子有三畏 畏天命 畏大人 畏聖人之言」.
8)『孟子』, 告子上,「生之謂性」.
9) 上揭書, 盡心上,「萬物 皆備於我矣」.
10) 上揭書,「孟子曰, 盡其心者 知其性也, 知其性則知天矣」.
11) 上揭書,「君子所生 仁義禮智 根於心」.

12) 上揭書, 離婁上, 「君子所以異於人者 以其存心也」.

13) 方東美, 前揭書, p.86.

14) 『荀子』, 正名, 「生之所以然者謂之性, 性之和所生 精合感應 不事而自然 謂之性…… 慮積焉 能智焉 而後成 謂之僞」.

15) 上揭書, 天論, 「心居中虛 以治五官 夫是之謂天君」.

16) 上揭書, 解蔽, 「心者形之君也 而神明之主也 出令而無所受令 自禁地 自使也 自奪也 自取也 自行地 自止也」.

17) 上揭書, 正名, 「心也者 道之工宰也」.

18) 上揭書, 解蔽, 「人何以知道 日 心」.

19) 『孟子』, 告子上.

20) 上揭書, 盡心下, 『孟子日, 口之於味也, 目之於色也, 耳之於聲也, 鼻之於臭也, 四肢之於安佚也, 性也 有命焉 君子不謂性也」.

21) 上揭書, 「孟子日, 仁之於父子也, 義之於君臣, 禮之於賓主之, 聖人之於天道也, 命也 有性焉 君子不謂命也」.

22) 上揭書, 盡心下, 「形色 天性也, 惟聖人然後 可以踐形」

23) 上揭書, 盡心上, 「存其心 養其心 所以事天也」.

24) 『荀子』, 天論, 「唯聖人爲不求知天」

25) 上揭書, 「天行有常 不爲堯存 不爲傑亡 應之以則吉 應之以亂側凶」.

26) 南相樂, "Protagoras와 荀子의 經驗哲學", 韓國哲學會 編, 「哲學」 제29집 (서울: 한국학술진흥재단, 1989), p.18.

27) 『荀子』, 榮辱, 「知命者不怨天 怨人者窮 怨天者無志」.

28) 上揭書, 禮論, 「性者本始材朴也」.

29) 조셉니담, 「中國의 科學과 文明 II」, 李錫浩 · 李鐵柱 · 林禎垈 譯 (서울: 乙酉文化史, 1991), pp.168-169.

30) 『荀子』, 正名, 「性者天之就也」.

31) 上揭書, 性惡, 「自明而聰也 今人之性」.

32) 上揭書, 榮辱, 『豈非人之情 固可餘如此 可與如彼也哉」.

33) 上揭書, 性惡, 「今人之性 生而離其朴 離其資 必失而喪之」.

34) 『孟子』 告子上, 「孔子日, 爲此詩者 其知道乎. 故 有物 必有則民之秉夷也 故 好是懿德」.

35) 尹絲淳, 「東洋思想과 韓國思想」, (서울: 乙酉文化史, 1984), p.19.

36) 『孟子』, 離婁下, 「孟子日, 言人之不善 當如後患 何」.

37) 王雲五 編, 「說文解字詁林」, 第一册 (臺灣: 商務印書館, 民國), pp.1102-1103.

38) 『孟子』, 盡心下, 「日, 可欲之謂善」.

39) 朱熹註, 『孟子』, 盡心下, 「日, 可欲之謂善」, 朱註: 天下之理其善者, 心可欲, 其惡者,必可惡, 其爲人者, 可欲, 而不可惡, 則可謂善人矣」.

40)『孟子』, 離婁下,『孟子曰, 大人者不失赤子之心者也」.

41) 上揭書, 盡心下,「可欲之謂善. 有諸己之謂信, 充實之謂美 · 充實而有光輝之謂大. 大而化之謂聖, 聖而不知之之謂神」.

42)『荀子』, 性惡,「人之性惡 其善者僞也」.

43) 上揭書,「凡古今天下之所謂善者 正理治也」.

44) 上揭書, 修身,「善在身 介然必以自好也 不善在身 菑然必以自惡也 故非我 而當者 吾師也」.

45) 上揭書, 性惡,「凡禮義者 是生於聖人之謂」.

46) 上揭書,「今人之性惡 必將待師法然後正 得禮義然後治」.

47) 朴範洙, "本來的 善에 關한 考察"「哲學」1, (서울: 한국학술진흥재단, 1985), p.32.

48) 王雲五 編, 前揭書, pp.4749-4750.

49)『孟子』, 盡心下,『孟子曰, 養心 莫善於寡欲, 其爲人也寡慾 雖有不存焉者 寡矣, 其爲人也多欲 雖有存焉者 寡言」

50) 上揭書, 告子上,「仁義禮智 非由外鑠我也......求則得之 舍則失之」.

51) 上揭書,「曰, 耳目之官 不思而蔽於物 交物則引之而已矣, 心之官則思, 思則得之 不思則不得也」.

52) 上揭書, 盡心上,「孟子曰 鷄鳴而起 孳孳爲善者 堯之徒也, 鷄鳴而起 孳孳爲利者 蹠之徒也」.

53) 上揭書, 告子上,「孟子曰 富歲 子弟多賴 凶歲 子弟多暴 非天之降才爾殊也, 其所以陷溺其心者然也」.

54) 上揭書,「雖存乎人者 豈無仁義之心哉 其所以放其良心者亦猶斧斤之於木也 旦旦而伐之 可以爲美乎」.

55) 李相殷, "孟子性善說에 對한 硏究"「高大五十周年記念論文集」, (서울: 高麗大學校出版部, 1955), p.47.

56)『荀子』, 性惡,「然則 從人之性 順人之情 必出於爭奪 合於犯亂理 而歸於暴 故必將有師法之化 禮義之道然後」.

57) 上揭書,「所謂惡者 偏險悖亂也」.

58) 上揭書, 解蔽,「故有知非以慮是 則謂之攝」.

59) 朱熹註, 前揭書, 序說.

60)『孟子』, 告子上.

61) 上揭書, 離婁上,「是故誠者, 天之道也, 思誠者, 人之道也」.

62) 上揭書, 盡心上,「莫非命也 順受其正. ...... 桎梏死者 非正命也」.

63) 上揭書, 告子上,「故 凡同類者擧相似也, 何擇至於人而疑? 聖人餘我同類者. ........ 聖人先得我心之所同硏耳, 故 理義之脫我心」.

64) 上揭書, 公孫丑上,「所以謂人皆有不忍之心者, 今人 乍見孺子將入於井, 개유출척 惻隱之心, 非所以內交於孺子之父母也, 非所以要譽於鄕黨朋友也, 非惡其聲而然也. 由是觀之 無惻隱之心 非人也, 無羞惡之心 非人也, 無辭讓之心 非人也, 無是非之心 非人也, 惻隱之心 仁之端也, 羞惡之心 禮之端也, 是非之心 智之端也」.

65) 上揭書, 盡心上,「孟子曰, 人之所不學而能者, 其良能也, 所不慮而知者, 其良知也. 孩提之童 無不知愛其親也, 及其長也 無不知敬其兄也」.

66) 上揭書, 離婁下.

67) 上揭書, 盡心上.

68)『論語』, 顔淵,「子曰 克已復禮爲仁 一日克己復禮 天下歸 焉爲仁由己 而由人乎哉...

非禮勿視 非禮勿廳 非禮勿言 非禮勿動」,

69)『荀子』, 性惡,「人之性惡, 其善者僞也. 今人之性 生而有好利焉 順是 故 爭奪生 而辭讓 亡焉, 生而有疾惡 順是故殘賊生 而忠信亡焉. 生而有耳目之欲 有好聲色焉 順是 故淫亂生 而禮義文理亡焉 然則從人之性 順人之情 必出於爭奪 合於犯分亂理......然則 人之性惡明焉」.

70) 李壽允,「社會思想史」, (서울: 法文社, 1992), p.26.

71)『荀子』, 榮辱,「可以爲堯禹 可以爲桀跖 可以爲工匠 可以爲農賈 在執注錯 習俗之所積耳」.

72) 上揭書,「堯禹者 非生而具者也 大起於變故 成乎修修之爲 待盡而後借者也 人之生固小人 無師無法則唯利見耳 人之生固小人 又以遇亂世 得亂俗 是以小重小也」.

73)『荀子』, 榮辱,「凡人有所一同 飢以欲食 寒以欲煖 勞而欲息 好利而惡害 是人之所生而有之 是無待而然者也 是禹桀之所同也。

74) 上揭書, 性惡,「故 枸不必將待檃括烝矯 然後直 鈍金必將待礱厲 然後利 今人之性 恶 必將待師法 然後正 得禮義然後治 今人無師法 則偏險而不正 無禮義 則悖亂而不治」.

75) 上揭書,「孟子日, 今人之性善 將皆失喪其性故也 日 若是則過矣. 今人之性 生而離其朴 離其資 必失而喪之. 用此觀之 然則 人之性惡明矣. ......故日 目明而總也 今人之性」.

76) 上揭書,「立君上明禮義 爲成惡也 用此觀之 然則 人之性惡也, 其善者僞也 .........合於善也 用此觀之 然則 人之性惡明矣 其善者僞也」.

77) 上揭書, 勸學,「方其人之習 君子人之說 則奪以偏矣 周於世矣. 故日 學莫便乎近其人 學之經莫速乎好其人」.

78) 上揭書,「將原先王 本仁義 則禮正其經緯蹊經也」.

79) 니시다 기타로, 「善의 연구」, 徐石演 譯 (서울: 汎友社, 1990), p.156.
80) 『荀子』, 禮論, 「孰知夫禮義文理之所以養情也」,
81) 『孟子』, 告子上, 「孟子曰, 及若其則可以爲善矣, 及所謂善也」
82) 上揭書, 公孫丑上, 「惻隱之心仁之端也」.
83) 註 51 참조.
84) 註 10 참조.
85) 註 61 참조.
86) 註 18 참조.
87) 註 17 참조.
88) 註 16 참조.
89) 『論語』, 季氏, 「子日 唯上知與下愚 不移」.
90) 南宮達華, "道德科 授業模型의 理論과 實際," 「敎育學硏究」, Vol. 29, No. 2 (1991), pp.7-8.
91) 李壽允, "西洋 中世 政治思想의 中心問題." 「敎授論叢」, 第7輯 第2號 (1991. 12), p.108.

## Ⅲ. 孟子와 荀子가 본 人性의 構造

1) 『孟子』, 告子上, 『孟子日, 生之謂性也 猶白之謂白與? 日, 然. 白羽之白 也猶白雪之白, 白雪之白猶白玉之白與? 日, 然 然則犬之性猶牛之性, 牛之性猶 人之性與?」
2) 註 II장 20 참조.
3) 註 II장 21 참조.
4) 『荀子』, 解蔽, 「凡以之人性也 可以知物之理也, 以可以之人之性 求可以知 物之理而無所疑止之 則沒世窮年不能偏也」。
5) 『孟子』, 離婁下, 「人之所以異於禽獸者幾希, 庶民去止, 君子存之」.
6) 上揭書, 告子上, 「公都者問日, 鈞是人也 或從其大禮 或從其小體 何也? 日, 耳目之官 不思而蔽於物 物 交物則引之而已矣, 心之官則思 思則得之 不思則不得也, 此天地所與我者 先立乎其大者 則其小者不能奪也 此爲大人而已矣」.
7) 金容沃, 「東洋學 어떻게 할 것인가」, (서울: 도서출판 통나무, 1986), pp.284-285.
8) 註 II장 65 참조.
9) 註 II장 54 참조.

10) 上揭書, 公孫丑上,「人之有是四端也, 猶其四體也」.
11) 上揭書, 離婁下,「仁之實 事親 是也, 義之實 從兄 是也, 智知實 智斯二者 弗去是也, 禮之實 節文斯二者是也, 樂之實 樂斯二者, 樂則生矣. 生則惡可已也? 惡可已見不如足蹈之 手之舞, 牛之舞之」.
12) 梁啓超,「儒家哲學」, (臺北: 中華書局」,民國48), p.25.
13) 王鳳喈,「中國敎育史」, (臺灣: 國立編譯館, 民國58), p.51.
14) 註 II장 64 참조.
15) 上揭書, 盡心下,『孟子日, 仁也者 人也 合而言之 道也」
16) 上揭書, 告子上.
17) 上揭書, 盡心下,「人皆有所不忍 達之於其所忍 仁也」
18) 上揭書, 離婁下,「仁子 愛人」.
19) 上揭書, 盡心上,「親親仁也」.
20) 上揭書, 梁惠王上,「未有仁而遺其親者也」.
21) 上揭書, 告子上,「仁之實 事親 是也」.
22) 上揭書, 告子上,「仁義忠信樂善不倦 此天爵也」.
23) 上揭書, 公孫丑上,「夫仁 天之尊爵也 人之安宅也」.
24) 上揭書,「仁者, 如射, 射者 正己而後 發, 發而不中 不怨勝己者 反求諸己 而已矣」.
25) 上揭書, 告子上,「詩云旣醉以酒 旣飽以德 言飽乎仁義也.
26) 上揭書, 告子上,「爲富 不仁矣, 爲仁 不富矣」
27) 上揭書, 梁惠王上.
28) 上揭書, 告子上,「仁之勝不仁 猶水勝火」.
29) 上揭書,「一單食 一豆羹 得之則生, 弗得則死 嘑爾而與之 行道之人 弗愛 蹴爾而與之 乞人 不屑也」.
30) 上揭書, 萬章下「夫議 路也」.
31) 上揭書, 離婁下,『孟子日, 大人者 言不必信 行不必果 惟義所在」.
32) 上揭書, 告子上,「生而我所欲也 義亦我所欲也 二者 不可得兼 舍生而取義」.
33) 上揭書, 盡心上,『非其有而取之非義也」.
34) 上揭書,「居仁由義 大人之事備矣」.
35) 上揭書, 離婁下,「義之實 從兄 是也」.
36) 上揭書, 盡心上,「敬長 義也」.
37) 上揭書, 盡心下,「義之於君臣也」.
38) 上揭書, 離婁下,「有禮者 敬人 …… 敬人者 人恒敬之」.
39) 上揭書, 盡心下,「愛而不敬 獸畜之也」
40) 上揭書,「恭敬者 幣帛未將也, 恭敬而無實 君子不可虛均」.
41) 上揭書, 盡心上,「孩提之童, 無不知愛其親也, 及其長也 無不知敬其兄也」.

42) 上揭書, 告子下,「紾兄之臂而奪之食則得食 不紾則不得食將紾之乎」.

43)『荀子』, 性惡,「飢而欲飽 寒而欲煖 勞以欲休 此人之情性也 今人飢見長而 不敢先食者 將有所讓也 勞而不敢求息者 將有所代也. 子之讓乎父 弟之讓乎兄 子之代乎父 弟之代乎兄 此二行者皆反於性 而悖於情也 然而孝子之道 禮義之文理也」

44)『孟子』, 萬章下,「夫議 路也, 禮 門也」.

45) 上揭書, 離婁下,「禮之實 節文斯二者是也」.

46) 上揭書, 盡心下,「無禮義則上下亂」.

47) 上揭書,「智之於賢者也」.

48) 上揭書, 盡心上,「知者 無不知也 當務之爲急」.

49) 上揭書, 告子上.

50) 上揭書, 離婁下,「所約於智者 爲其鑿也 如智者若禹之行求也, 則無惡於智矣. 禹之行水也 行其所無事也 如智者亦行具所無事 則智亦大矣」.

51)『荀子』, 修身,「是是非非謂之智」.

52)『孟子』, 離婁下,「仁之實 事親是也, 議之實 從兄是也, 智之實知斯二者 弗去是也」.

53)『荀子』, 勸學,「將原先王 本仁義 則禮正其經緯蹊徑也」.

54) 上揭書, 非十二子,「貴賢仁也 賤肖亦仁也」.

55) 上揭書, 臣道,「忠信以爲質 端慤以爲統 … 而一可以爲法則」.

56) 上揭書, 疆國,「法生干義 義生干衆」.

57) 上揭書, 臣道,「恭敬禮也」.

58) 上揭書, 修身,「禮者所以正身也」.

59) 上揭書, 正名,「故知者論道而已矣, 小家珍說之所願皆衰矣」.

60) 上揭書, 非十二子,「謂之五行 基僻違而無類 隱而無說 閉約而無解 案飾其辭 而磁敬之」.

61) 上揭書, 正名,「性者天之就也, 情者性之質也, 欲者情之應也」.

62) 註 II 장 14 참조.

63) 上揭書,「性之好惡喜怒哀樂 謂之情」

64) 上揭書,「生之好惡喜怒哀樂 愛惡欲 以心異 心有徵知」

65) 上揭書,「情然而心爲之擇 謂之慮」.

66) 註 II장 16 참조.

67)『孟子』, 盡心上,「人心 亦皆有害」

68) 上揚書, 盡心下,『孟子謂高子日 山經之蹊間 介然用之而成路 爲間不用則 茅塞之矣 今茅塞子之心矣」.

69)『荀子』, 解蔽,「欲爲蔽」.

70) 上揭書, 正名,「欲不待可得 而求者從所可 欲不待可得 所受乎天也 求者從所可 受

乎心也 所受乎天之一欲制於所愛乎心之多固難類所受乎天 人之所欲生甚矣 人之所惡死甚矣」

71) 上揭書,「以所欲爲可得而求之 情之所必不免也 以爲可而道之, 所必出也」.

72) 上揭書,「志輕理而不重物者 無之有也, 外重物而不內憂者 無之有也」.

73) 上揭書,「欲不可盡 欲雖不可盡 可以近盡也 欲雖不可去 求可節也」

74) 上揭書,「故欲養其欲 而從其情 欲養其性 而信其形」.

75) 李敦熙,「道德敎育原論」, (서울: 敎育科學社, 1988), p.209.

76)『荀子』, 天論,「天職旣立 天功旣成 形具而神生 好惡喜怒哀樂臧焉 天是 之謂天情 耳目口鼻形能各有接而不相能也 夫是之謂天官 心居中虛 以治五官 夫是之謂天君」.

77) 上揭書,「聖人淸其天君 正其天官 備其天義 順氣天政 養其天情」.

78) 上揭書, 王霸,「夫人之情 目欲綦色 而欲綦聲 口欲綦味 鼻欲綦臭 心欲綦佚 此五綦者 人情之所必不免也」

79) 上揭書, 王制「水大有氣而無生 草木有生而無知 禽獸有知而無義 人有氣有 生有知亦且有義 故最爲天下貴也」.

80) 죠셉니담, 前揭書, p.30.

81)『荀子』, 王制,「力不若牛 走不若馬 而牛馬爲用 何也 日 人能群 彼不能群也 人何以能群日 分 分何以能行 日 以義 故義以分則和 和則一 一則多力 多力則彊 彊則勝物 故宮室可得而居也」.

82) 上揭書,「群道當 則萬物皆得其宜 六畜皆得其長 群生皆得其命」.

83) 上揭書, 非相,「然則人之所以爲人者 非特二足而無毛也 以其有辨也」.

84) 上揭書,「故人道莫大有辨 辨莫大於分 分莫大於禮 禮莫大於聖王 聖王有百 吾孰法焉… 故日 欲觀聖王之跡 則於粲然者矣 後王是也 彼後王者 天下之君也 舍後王而道上古 譬之是猶舍己之君」

85) 註 5 참조.

86)『孟子』, 公孫丑上,「宋人 有閔其苗之不長而揠之者 芒芒然歸 謂其人曰今日病矣 予助苗長矣 其子趨而往視之 苗則槁矣」

87) 金敬琢, "中國哲學上에서 본 氣의 學說"「高麗大學校 論文集」第6集 (서울: 高麗大學校出版部, 1962), p.145.

88) 金容沃, 前揭書, pp.284-285.

89)『孟子』, 公孫丑上,「其爲其配義與道 無是 **也, 是集義所生者 非義襲而取之也」.

90) 上揭書, 告子上,「體有貴賤 有小大 無以小害大 無以賤害貴 義小者爲小人 養其大者篇大人」.

91) 註 6 참조.

92) 上揭書, 滕文公上,「君子之德風也, 小人之德草地, 草尙之風 必偃」.

93) 上揭書, 離婁下.
94) 上揭書, 「孟子日 天下有道 小德 役大德 少賢 役大賢 天下無道 小役大 弱役强」
95) 『荀子』, 榮辱, 「人之生固小人 無師無法則唯利之見耳」.
96) 上揭書, 不苟 「言無常信 行無常貞 唯利所在 無所不傾 若是則可謂小人也」
97) 上揭書, 修身, 「傳日 君子役物 小人役於物」
98) 上揭書, 「小人反是 致亂而惡 人之非己也 致不肖而欲人之賢已也 心如虎狼 行如禽獸 而又怨人之賊已也 諂諛者親 諫爭者疏 修正爲笑 至忠爲賊 雖欲無滅亡 得乎哉」.
99) 上揭書, 非十二子, 「多少無法而流湎 然雖辯小人也」.
100) 上揭書, 正論, 「天下大具也 不可以小人有也」.
101) 上揭書, 「小人可以有執榮 而不可以有義榮」.
102) 上揭書, 勸學, 「小人之學也 人乎耳出乎口 ... 小人之學也 以爲禽犢」.
103) 上揭書, 榮辱 「小人世者 疾爲誕而欲人之信已也 疾爲詐而欲人之親己也 禽獸之行 而欲人之善己也 慮之難知也 行之難安也 持之難立也 成則必不得其所好 必遇其所惡焉 ... 小人莫不延頸擧踵而願日 知慮才性 固有而賢人矣 夫知 其與以異也 則君子注錯之當 而小人注錯之過也 故熟察小人之知能 足以 知其有餘可 以爲君子之所爲也 譬之越人安越 楚人安楚 君子安雅 是非知 能材性然也 是注 錯習俗之節異也 ... 故君子之道其常 而小人之道其怪」
104) 『孟子』, 滕文公下, 「周霄問日, 古之君子任乎? 孟子日, 任」.
105) 李相殷, 前揭書, p.17.
106) 註 93 참조.
107) 上揭書, 離婁下, 「有人於此 其待我以橫逆則君子必者反也, 我心不仁也 必無禮 也.... 自反而忠矣 其橫逆 由是也, 君子日, 此亦妄人也已矣 如此則與禽獸 矣擇哉 於禽獸 又何難焉」.
108) 上揚書, 「人之所以異於人者 以其存必也, 君子 以仁存心, 以禮存心」.
109) 上揭書, 「若夫君子 所患則亡矣, 非仁無爲也 非禮無行也 如有一朝之患 則 君子不 患矣」
110) 上揭書, 公孫丑上 「君子不怨天 不尤人」.
111) 上揭書, 盡心下, 「君子之守 修其身而天下平」.
112) 上揭書, 「君子 行法 而俟命而已矣」.
113) 上揭書, 盡心上, 「君子所生 雖大行 不可焉 雖窮居 不損焉, 分定故地, 君子 所性 仁義禮智根於心, 其生色也醉然見於面 盎於背施於四體 四體不言而喻」.
114) 上揭書, 梁惠王上, 「君子之於禽獸也 見之生, 不忍見其死, 聞其聲, 不忍食其肉, 是以 君子 遠庖廚也」.
115) 上揭書, 盡心上, 「流水之爲物也不盈科 不行 君子之志於天道也 不成章 不達」.

116) 上揭書, 離婁下,『孟子曰, 君子深造之以道 欲其自得之也, 自得之則居之安, 居之安則資之深, 資之深則取之左右, 逢其原, 故, 君子欲其自得也』.

117) 上揭書, 公孫丑上,「故 君子 莫大乎與人爲善」.

118) 上揭書, 盡心上,「君子引而不發 躍如也 中道而立 能者從也」.

119) 上揭書, 萬章下,「惟君子能由是路 出入是門也. 詩云 周道如底 其直如失 君子所履 小人所視」.

120) 註 92 참조.

121) 上揭書, 盡心上,「君子有三樂而王天下不與存焉, 父母俱存兄弟無故一樂也, 仰不愧於天府不作於人 二樂也, 得天下英才而教育之三樂也」.

122) 上揭書,「孟子曰, 君子之所以敎者五, 有如時雨化者, 有成德者, 有達財者, 有問答者, 有私淑艾者, 此五者 君子之所以敎也」.

123) 上揭書,「孟子曰, 廣土衆民 君子欲之 所樂 不存焉, 中天下而立定四海之民 君子樂之 所性 不存焉」.

124) 上揭書,「恭敬而無實 君子不可虛拘」.

125)『荀子』, 勸學,「故君子居必擇鄕 遊必取士 所以防邪僻而近中正也」.

126)『論語』, 里仁,「子曰 里仁 爲美 擇不處仁 焉得知』.

127) 上揭書, 修身,「倚魁之行 非不難也 然而君子不行」.

128) 上揭書, 勸學,「君子博學而日參省乎己 則智明而行無過矣」.

129) 上揭書,「君子愼其所立乎.」

130) 上揭書, 修身,「故君子隆師而親友以致惡其賊 好善無厭 愛練而能誡 雖欲無進 得乎哉」.

131) 上揭書, 不苟,「君子行不貴苟難 說不貴苟察 明不貴苟傳 唯其當之爲貴」.

132) 上協書, 修身,「君子之求利也略 其避辱也懼 .... 君子貧窮而之度 隆仁也. 富貴而體恭 殺熱也 ... 怒不過奪 喜不過予 是法勝私也」.

133) 上揭書,「君子役物」.

134) 上揭書,「篤之而體 君子也」.

135) 上揚書,「加好學遜敏焉 則有鈞無上 可以爲君子者矣」.

136) 上揭書, 不苟,「故君子治禮義者也 君子潔其辨 善其言而類焉者應矣. 君子 良心莫善於誠 致誠則無 它事矣 唯仁之為守 唯義之行 誠心守仁則形 形則神 神則能化矣. 夫誠者 君子之所守也 而政事之本也 唯所居以其類至」.

137) 上揭書,「公生明 偏生闇 端慤生通 詐僞生塞 誠信生神 夸誕生惑 此六生者 君子愼之」.

138) 上揭書, 榮辱,「故君子 信矣 而亦欲人之信已也 忠矣 而亦欲人之親已也 修正治辨矣 而亦欲人之善已也 慮之易知也 行之易安也 持之易立也 成則必得 其所好 必不遇其所惡焉 是故窮則不隱 通則大明 身死而名」.

139) 上揭書, 非相,「故君子賢而能容羅 知而能容愚 博而能容淺 粹而能容雜 夫是之謂兼術」.

140) 上揭書,「談說之術 矜莊以泣之 端誠以處之 堅彊以持之 分別以喩之 醫稱 以明之 欣驅芬薌以送之 實之珍之, 而君子辨言仁也, 言而非仁之中也 則其言 不若其黙也 其辯不若其吶也. 先慮之 早謀之 斯須之言而足聽 文而致實 博而黨正 是士君子之辯也」.

141) 上揭書, 君道,「君子者 法之原地」.

142) 上揭書, 勸學,「君子生非異也 善假於物也」.

143) 金忠烈, 前揭書, p.34.

144)『孟子』, 離婁上,「聖人 人倫之至也」.

145) 上揭書, 盡心上,「孟子日, 堯舜 性之也, 湯武 身之也」.

146) 註 I장 26 참조.

147)『荀子』, 非十二者,「一天下 財萬物 長義人民 兼利天下 通達之屬 莫不從服 六記者立息 十二者遷化 則聖人之得熱者 舜禹是也」

148) 註 II장 10 참조.

149) 註 II장 24 참조.

150) 註 II장 63 참조 및 離婁下「堯舜 與人同耳」.

151)「荀子」, 性惡,「故聖人之所以同於衆 … 所以異而過衆者僞也」.

152) 上揭書,「故聖人者 人之所積而致也」.

153) 上揭書,「途之人可以爲禹 曷謂也 日 凡禹之所以爲禹者 以其爲仁義 法正也」.

154)『孟子』, 盡心上,「聖人 治天下 使有菽粟 如水火 菽要如水火 而民 焉有不 仁者乎」.

155)『荀子』, 禮論,「是聖人也 故厚者禮之積也 大者禮之廣也」.

156)『孟子』, 公孫丑上,「乃所願則學孔子也 … 未有孔子也」.

157) 上揭書, 萬章下,「孔子 聖之時者也 孔子之謂集大成」.

158)『荀子』, 非十二子,「是聖人之不得執者也 仲尼子弓是也」.

159)『孟子』, 盡心下,「大而化之之謂聖」.

160) 上揭書, 盡心上,「舜之居深山之中 … 其所以異於深山之野人者 幾希 及其 聞一善言 見一善行 若決江河 沛然莫之能之禦也」.

161) 上揭書, 盡心下,「孟子日 聖人 百世之師也 伯夷柳下惠是也. … 奮乎百世之上 百世之下 聞者莫不與起也 非聖人而能若是乎」.

162)『荀子』, 君道,「血氣和平 志義廣大 行義塞於天地之間 仁知之極也 夫是之 謂聖人」.

163) 上揭書, 王制,「一與一是爲仁者 謂之聖人」. 上揭書, 修身,「齊明而不竭 聖人也」.

## Ⅳ. 人性의 實現과 修養

1)『孟子』, 梁惠王上,「上下交征利 … 不奪 不饜」.
2) 上揭書, 告子上,「孟子曰, 仁 人心也, 義 人路也. 舍其路而不由 放其心 而不知求 哀哉」.
3) 上揭書,「有放心而不知求, 學問之道 無地, 求其放心而已矣」.
4) 上揭書,「操則存, 舍則亡, 出入 無時 莫知其鄕 惟心之謂與」.
5) 註 Ⅱ장 29 참조 및 上揭書,「萬鐘則不辨禮義而受之 萬鐘 於我何加焉? … 此之謂 失其本心」.
6) 上揭書,「孟子曰, 拱把之桐梓 人苟欲生之 皆知所以養之者 至於身而不 知所以養 之者 豈愛身 不若桐梓哉? 弗思堪也」.
7) 上揭書,「飮食之人 則人賤之矣, 爲其養小以失大也」.
8) 上揭書, 盡心上,「求則得之 舍則失之, 是求 有益於得也, 求在我者也. 求之有道 得 之有命, 是求 無益於得也, 求在外者也」.
9) 上揭書, 離婁上,「行有不得 皆反求諸己」.
10) 註 Ⅲ장 68 참조.
11) 註 Ⅱ장 49 참조.
12) 上揭書, 盡心上,『孟子曰, 饑者甘食, 葛者甘飮, 是未得飮食之正也 饑葛害之也, 豈 惟口腹 有饑葛之害? 心也 赤皆有害」.
13) 上揭書, 公孫丑上,「曰, 我 知言, 我 善養吾 浩然之氣 … 難言也, 其爲氣也至大至 剛, 以直養而無害, 則塞于天地之間, 其爲氣地配義與道 無是 餒也, 是集 義所生者 非義襲而取之也, 行有不慊於心則餒矣」,
14) 朱註, 上揭書, 註; 浩然, 如水之流.
15) 上揭書, 註; 浩然, 盛大流行之貌 … 又曰, 浩然, 是無虧欠時.
16)『孟子』, 公孫丑上,「必有事焉而勿正. 心勿志 勿助長也 無若宋人然, 宋人 有閔其苗 之不長而堰之者」.
17) 註 Ⅲ장 87 참조.
18) 註 Ⅲ장 89 참조.
19)『孟子』, 公孫丑上,「夫志 氣之師也, 氣 體之充也」.
20) 上揭書,「志量則動氣 氣豈則動志 … 其爲氣也配義與道 無時餒也」.
21) 上揭書, 告子上,「則其日晝之所爲有梏亡之矣, 梏之反覆則其夜氣不足以存, 夜氣不 足以存則其違禽獸不遠矣」.
22) 尹絲淳,「退溪哲學의 硏究」, (서울: 高麗大出版部, 1986), p.34.
23)『孟子』, 離婁上

24) 上揭書, 滕文公上,「人之有道 飽食煖衣 逸居而無教則近於禽獸 聖人 有憂之 使契爲司徒 教以人倫, 父子有親 君臣有義 夫婦有別 長幼有序 朋友有信」.

25)『論語』, 學而篇 및『孟子』, 滕文公章句下.

26) 宇野精一, "儒家思想の本質"「東洋思想」, 第二卷, (東京: 東京大學出版會, 1967), pp.3-26.

27)『孟子』, 離婁上,『孟子日, 事執爲大? 事親 爲大」.

28) 上揭書, 梁惠王上,『老吾老 以及人之老』.

29) 上揭書,「詩云, 刑于寡妻 至于兄弟 以御于家邦 言擧斯心 加諸彼而已」.

30) 上揭書, 公孫丑下,「內則父子, 外則君臣, 人之大倫也」.

31) 安炳周 等 譯,「孟子」, 新譯四書III, (서울: 玄岩社, 1974), p.290.

32)『孟子』, 滕文公下.

33) 上揭書, 離婁上,「人人 親其親 長其長 而天下平」.

34) 上揭書, 盡心下,「義之於君臣也」.

35) 上揭書, 離婁上,「欲爲君 盡者道, 欲爲臣 盡臣道, 二者 皆法堯法堯舜而已矣. 不以舜之所以事堯 事君 不敬其君者也, 不以堯之所以治民 治民 賊其民者也」.

36) 上揭書,「事君無義 進退無禮 言則非先王之道猶沓沓也, 故日, 責難於君 謂之恭, 陳善閉邪 謂之敬, 五君不能 謂之賊」.

37) 上揭書, 告子下,「踰東家牆而摟其處子則得妻 不摟則不得妻 則將摟之乎?」.

38) 上揭書, 梁惠王下.

39) 上揭書, 萬章上,「男女居室 人之大倫」.

40) 上揭書, 盡心下,「待妾數百人 我得之 弗爲也」.

41) 上揭書, 梁惠王上,「詩云, 刑于寡妻 至于兄弟 以御于家邦」.

42) 上揭書, 告子下,「無以妾爲妻」.

43) 上揭書, 萬章上 및 離婁上.

44) 上揭書, 離婁下,「男女授受不親 禮也, 嫂溺 授之以手者權也」.

45) 上揭書,「人人 親其親 長其長 而天下平」.

46) 上揭書, 梁惠王上,「老吾老 以及之老 幼吾幼 以及之幼 天下 可運於掌」.

47) 上揭書, 告子下,「徐行後長者 謂之弟, 疾行先長者 謂之不弟」.

48) 上揭書, 盡心下.

49) 上揭書, 離婁下,「責善 朋友之道」.

50) 上揭書, 離婁上,「信於友有道 事親弗悅 弗信於友矣」.

51) 上揭書, 萬章下,「萬章 問日, 敢問友, 孟子日, 不挾長 不挾貴 不挾兄弟 而友 反也者 友其德也 不可以有挾也」.

52) 上揭書,「舜 尙見帝 帝館甥于貳室, 亦饗舜 法爲賓主, 是, 天子而友匹夫也, 用下敬上 謂之貴貴 用上敬下 謂之尊賢.

53) 上揭書, 「萬章 問曰, 敢問交際何心也? 孟子曰, 恭也」.

54) 上揭書, 滕文公上, 「曾子曰, 生事之以禮 死葬之以禮 祭之以禮 可謂孝矣」.

55) 上揭書, 離婁上, 「曾子養曾晳 必有酒肉, 將徹 必請所與, 問有餘 必曰, 有. 曾晳死, 曾元 養曾子, 必有酒肉, 將徹 不請所與, 問有餘 曰 亡矣 將以復進也 此所謂養口體者也, 若曾子則可謂 養志也事親 若曾子者可也」.

56) 上揭書, 「不得乎親 不可以爲人 不順乎親 不可以爲子」.

57) 上揭書, 告子下, 「親之過大而不怨 是 愈疏也, 親之過小而怨 是 不可磯也, 愈疏 不孝也,不可磯亦不孝也」.

58) 上揭書.

59) 上揭書, 離婁上, 「舜 盡事親之道而瞽瞍底豫 瞽瞍底豫而天下化, 瞽瞍底豫 而天下爲父子者定, 此之謂大孝」.

60) 上揭書, 盡心下.

61) 上揭書, 滕文公上.

62) 上揭書, 離婁下, 「養生者不足以當大事, 惟送死 可以當大事」.

63) 上揭書, 公孫丑下, 「君子 不以天下儉其親」.

64) 上揭書, 盡心下.

65) 上揭書, 滕文公上, 「陳良 楚産也 悅周公仲尼之道 … 子之兄弟事之數十年 師死而遂倍之」.

66) 上揭書, 盡心上, 「孟子曰, 食而弗愛 豕交之也 愛而不敬 獸之也. 恭敬者 幣帛之未得者也」.

67) 上揭書, 離婁上, 『孟子曰, 恭敬 不侮人, 儉者 不奪人, 侮奪人之者 惟恐不 順焉 惡得爲恭儉? 恭儉 豈可以聲音笑貌爲哉?」

68) 上揭書, 「禮人不答 反其敬」

69) 『荀子』, 解蔽, 「未得道而求道者 謂之虛壹而靜 作之則 將須道者之虛則人 將事道者之壹則盡 將思道者靜則察 知道行 體道者也 虛壹而靜 謂之大淸明」.

70) 『管子』, 心術上, 「虛者, 無藏也, 專于意, 一于心」.

71) 成泰鏞, "心性論, 禮論과의 관련아래서 본 荀子의 修養論" 泰東硏究所編, 「泰東古典硏究」 第五輯(춘천 : 翰林大學校,1989), pp.41-42.

72) 『荀子』, 性惡, 「今使塗途之人 伏術爲學 專心一志 思索孰察 加日縣久 積善而不息, 則通於神明 參於天地矣」.

73) 上揭書, 勸學, 「積土成山 風雨與焉 積水成淵 蛟龍生焉 積善成德 而神明自得 聖心備焉」.

74) 上揭書, 解蔽, 「凡觀物 有疑中心不定 則外物不淸 吾慮不淸 則未可定然否也」.

75) 上揭書, 「萬物莫形而不見 莫見而不論 莫論而失立 坐於室而見四海 處於今 而論久遠 疏觀萬物 而知其情 參稽治亂 而通其度 經緯天地 而材官萬物 制割大

理 而宇宙裏矣」.

76) 上揭書,「故人心譬如槃水 正錯而物動 則湛濁在下 而清明在上 則足以見鬚 眉 而察理矣 微風過之 湛濁動乎下 清明亂於上 則不可以得 大形之正也 心亦如是矣」.

77) 上揭書,『孔子仁知且不蔽』.

78) 註 II장 16 참조.

79) 上揭書,「玉在山而草木潤 淵生珠而崖不枯 爲善不積邪 安有不聞者乎」.

80)『論語』, 衛靈公,「子曰 有敎 無類」.

81)『論語』, 衛靈公,「子曰 吾嘗終日不食 終夜不寢 以思 無益 不如學也」.

82)『荀子』, 勸學,「吾嘗終日而不思矣 不如須臾之所學也」

83) 上揭書,「故誦數以貫之 思索以通之 爲其人以處之 除其害者以養之」.

84) 上揭書, 修身,「凡治氣養心之術 莫徑由禮 要得師 莫神一好」.

85) 上揭書, 勸學,「學莫使乎近其人 學之經莫速乎好其人 隆禮次之」.

86) 上揭書,「其義則始乎爲士 經乎爲聖人」

87) 註 I 장 13 참조.

88) 上揭書, 修身,「故蹞步而不休 跛鼈千里 累士而不輟 丘山崇成 厭其原 開其瀆 江河可竭」.

89) 上揭書, 禮論,「故學者固學爲聖人也 非特學爲無方之民也」.

90) 上揭書, 解蔽,「與愚者若一學老身長子 而與愚者若一 猶不知錯夫是之謂妄人 故學也者 固學止之也 惡乎止之 日止諸至足 曷謂至足 日聖也 聖也者盡倫也 王也者 盡制者也 兩盡者足以爲天下極矣」,

91) 上揭書, 勸學,「故學至乎禮而止矣」.

92) 全國敎育史硏究會編, 勞組編,「孔子敎育思想硏究」, (北京: 人民敎育出版社, 1985), p.131.

93)『荀子』, 王制,「君君臣臣 父父子子 兄兄弟弟一也 農農士士 工工商商一也」.

94) 上揭書, 正名,「名也者 所以其累實也 辭也者 兼異實之名 以論一意也」.

95) 上揭書,「彼名辭也者 志議之使他 足以相通則舍之矣」.

96) 上揭書,「故析辭擅作名 以亂正名 使民疑惑 人多辨訟 則謂之大姦 其罪猶爲符節度量之罪」

97) 上揭書,「古王者之制名 名定而實辨 道行而志通 則愼率民而一爲」.

98) 安鍾沄, "孔子 · 孟子의 政治哲學에 關한 硏究 (哲學博士學位論文, 高麗大學校, 1985), pp.39-40.

99) 勞思光,「中國哲學史」, 鄭仁在 譯 (서울: 探究堂, 1968), pp.65-66.

100)『論語』, 堯曰,「不知禮 無以立也」.

101) 上揭書, 顔淵.

102)『荀子』, 禮論,「天地以合 日月以明 四時以序 星辰以行 江河以流 萬物以昌 好悪以節 喜怒以當 以爲下則順 以爲上則明 萬物變而不亂 貳之則喪也 禮 豈不至矣哉」.

103) 上揭書,「禮起於何也 日 人生而有欲 欲而不得 則不能無求 求而無度量分界 則不能不爭 爭則亂 亂則窮 先王惡其亂也 故制禮義以分之 以養人之欲 給人之求」.

104) 上揭書,「先王惡其亂 故制禮義以分之」.

105) 上揭書,「又好其別 曷謂別曰 貴賤有等 長幼有差 貧富輕重 皆有稱者也」.

106) 上揭書,「故禮者養也 芻豢稻粱 五味調香 所以養口也」.

107) 尹五榮 譯,「荀子」 현암신서 36, (서울: 玄岩社, 1976), p.20.

108)『荀子』, 禮論,「文理繁 情用省 是禮之隆也」.

109) 上揭書,「文理情用相爲內外表裏 竝行而雜 是禮之中流也」.

110) 上揭書,「禮者斷長續短 損有餘 益不足 達哀敬之文 而滋成行義之美者也」.

111)『論語』, 陽貨,「子生三年 然後 免於父母之懷 夫三年之喪 天下之通喪也」.

112) 上揭書,「三年之喪何也 日 稱情而文 因以飾群 別親疏貴賤之節 而不可益損也」。

113)『論語』, 衛靈公,「子日 人能弘道 非道弘人」.

114)『孟子』, 公孫丑上,「何謂知言? 曰, 詖辭 知其所蔽, 淫辭 知其所陷, 邪辭知所離, 遁辭知其所窮」

115)『荀子』, 非十二子,『言而當知也 黙而當亦知也 故知黙猶知言也 故多言而類 聖人也」

## 結論

1) 李壽允,「政治哲學」, p.56.

2) 南宮達華, "Emile Durkheim의 道德性 理論,"「教育學研究」, Vol.28. No.2 (1990), p.53.

3) 卞圭龍, "新儒學과 17°8世紀의 불란서 啓明哲學",「哲學」, 제29집, 봄(서울: 韓國哲學會, 1988), p.84.

4) 卞圭龍,「近代西歐思想의 形成과 東洋精神」, 成均館大學校 80周年記念論文集, 1975, pp.25~34.

# 【參考文獻】

1. 具本明, 「中國思想의 源流體系」, 서울: 大旺社, 1982.
2. 具塚茂樹, 「諸子百家」, 김근석 譯, 서울: 도서출판 까치, 1989.
3. 金敬琢, "中國哲學上에서 본 氣의 學說" 「高麗大學校 論文集」, 제6집, 서울: 高麗大學校出版部, 1962.
4. 金吉煥, 「東洋倫理思想」, 서울: 一志社, 1985.
5. 金容沃, 「東洋學 어떻게 할 것인가」, 서울: 도서출판 통나무, 1986.
6. 金容沃, 「절차탁마대기만성」, 서울: 도서출판 통나무, 1987.
7. 金鐘武 譯, 「論語新解」, 서울: 民音社, 1991.
8. 金鐘武 譯, 「孟子新解」, 서울: 民音社, 1991.
9. 金鐘武, 「諸子百家」, 서울: 三星美術文化財團, 1978.
10. 金忠烈, 「東洋思想散稿」, 서울: 汎學社, 1977.
11. 金忠烈, 「中國哲學史 序說」, 中國哲學論叢 I, 1984.
12. 金忠烈, 「中國哲學散稿」, 서울: 汎學社, 1979.
13. 金學主 編, 「論語」, 서울大學校 出版部, 1992.
14. 金炯孝, 「孟子와 荀子의 哲學思想」, 서울: 三知院, 1990.
15. 南宮達華, "道德科 受業模型의 理論과 實際", 「教育學研究」, Vol.29, No.2(1991).
16. 南宮達華, Emile Durkheim의 道德性 理論, 「教育學研究」, Vol.28, No.2(1990).
17. 南相樂, "Protagoras와 荀子의 經驗哲學", 韓國哲學 編, 「哲學」, 제29집, 서울: 한국학술진흥재단, 1989.
18. 니사다 기타로, 「善의 연구」, 徐石演 譯, 서울: 汎友社, 1990.
19. 勞思光, 「中國哲學史」, 鄭仁在 譯, 서울: 探究堂, 1986.
20. 朴範洙, "本來的 善에 關한 考察", 「哲學」 I, 서울: 한국학술 진흥재단, 1985.
21. 林一峰, 「中國思想史」, 서울: 育文社, 1990.

22. 方東美,「中國人의 人生哲學」, 鄭仁在 譯, 서울: 探究堂, 1991.
23. 卞圭龍,「近代西歐思想의 形成과 東洋精神」, 東洋學 學術會議 論文集, 成均館大學校, 1975.
24. 卞圭龍, "新儒學과 17·8世紀의 불란서 啓明哲學",「哲學」, 제29집, 봄, 서울: 韓國哲學會, 1988.
25. 成泰鏞, "心性論, 禮論과의 관련에서 본 荀子의 修養論", 泰東研究所 編,「泰東古典研究」, 第五輯, 춘천: 翰林大學校, 1989.
26. 安炳周 等 譯,「孟子」, 新譯四書III, 서울: 玄岩社, 1974.
27. 安鐘沄, "孔子·荀子의 政治哲學에 關한 研究", 哲學博士學位論文, 高麗大學校 大學院, 1985.
28. 梁啓超,「中國古典入門」, 李桂柱 譯, 서울: 三星文化財團, 1974.
29. 梁啓超,「中國文化思想史」, 李民樹 譯, 서울: 正音社, 1983.
30. 梁啓超,「儒家哲學」, 臺北: 中華書局, 民國 48(1959),
31. 梁承武, "孟子 性善說의 涵義에 對한 考察"「中國哲學思想論究」, 서울: 江出版部, 1987.
32. 楊孝濚,「中國社會思想史」, 高在旭 譯, 江原大學出版部, 1987.
33. 王鳳喈,「中國教育史」, 臺灣: 國立編譯館, 民國 58(1969),
34. 王雲五 編,「說問解字詁林」, 第一册, 臺灣: 商務印書館, 民國 65.
35. 우노세이이찌 편,「중국의 사상」, 김진욱 譯, 서울: 열음사, 1986.
36. 狩野直喜,「中國哲學史」, 吳二煥 譯, 서울: 乙酉文化社, 1986.
37. 宇野精一, "儒家思想の本質",「東洋思想」, 第二巻, 東京: 東京大學出版部, 1967.
38. 柳正基,「東洋思想事典」, 서울: 友文堂, 1965.
39. 柳正基 譯,「四書三經」, 서울: 學力開發社, 1985.
40. 尹絲淳 外「孔子思想의 發見」, 서울: 民音社, 1992.

41. 尹絲淳,「退溪哲學의 硏究」, 서울: 高麗大學校出版部, 1986.
42. 尹絲淳,「東洋思想과 韓國思想」, 서울: 乙西文化史, 1984.
43. 尹五榮 譯,「荀子」, 서울: 玄岩社, 1976.
44. 李敦熙,「道德敎育原論」, 서울: 敎育科學社, 1988.
45. 李相殷, "中國哲學史"「韓國思想叢書」, 제1권, 서울: 景仁文化社, 1973.
46. 李相殷, "孟子性善說에 對한 硏究"「古代五十周年記念論文集」, 서울: 高麗大學校出版部, 1955.
47. 李壽允,「社會思想史」, 서울: 法文社, 1992.
48. 李壽允, "西洋 中世 政治思想의 中心問題",「敎授論叢」, 第7輯, 第2號 (1991,12)
49. 李壽允,「政治哲學」, 서울: 法文社, 1981.
50. 張起鈞 · 吳怡,「中國哲學史」, 宋河璟 · 吳鐘逸 譯, 서울: 一志社, 1984.
51. 全國敎育史硏究會編勞組編, 「孔子敎育思想硏究」, 北京: 人民敎育出版社, 1985.
52. 丁範鎭 編,「大學 論語 孟子 中庸」, 서울: 大東文化硏究院, 1984.
53. 鄭仁在, "孟子의 天에 對한 考察", 碩士學位論文, 高麗大學校大學院, 1970.
54. 鄭鐘復 編,「諸子百家選」, 서울: 集文堂, 1986.
55. 鐘清漢,「儒家思想敎育」, 東京: 成文堂, 1991.
56. 죠셉니담,「中國의 科學과 文明」, I, II, 李錫浩 · 李鐵柱 · 林禎垈 譯, 서울: 乙西文化史, 1991.
57. 朱熹,「論語 · 中庸」, 韓相甲 譯 四書集註 I, 서울: 三省出版社, 1986.
58. 朱熹,「孟子 · 大學」, 韓相甲 譯 四書集註 II, 서울: 三省出版社, 1986.
59. 蔡元培,「中國倫理學史」, 臺北: 中央文物供應社, 民國 45(1956)。
60. 崔大林 譯,「荀子」, 서울: 홍신문화사, 1991.
61. 馮友蘭,「中國哲學史」鄭仁在 譯, 서울: 螢雪出版社, 1985.
62. 胡適,「中國古代哲學史」, 송긍섭 外 譯, 서울: 대한교과서 주식회사, 1990.

63. 戸川芳郎等,「유교사」, 조성을 · 이동철 譯, 서울: 이론과 실천, 1990.

64. 韓雲菴,「中國哲學思想評」, 서울: 昌震社, 1976.

65. 洪寅杓 編,「論語」, 서울大學校 出版部」, 1992.

碩士學位論文集

# 孟子와 荀子의 人性論 연구

인　쇄 | 2025년 12월 25일
발　행 | 2025년 12월 31일

저　자 | 이희석
펴낸이 | 서정환
펴낸곳 | 신아출판사

주　소 | 전북 전주시 완산구 공북 1길 16(태평동 251－30)
TEL_(063) 275-4000 FAX_(063)274-3131
등　록 | 제465－1984－000004호
e-mail | sina321@hanmail.net



ISBN 979-11-24068-47-2 (03810)

값 20,000원

Printed in KOREA